Il mio amico è SPECIALE e lo sono anch'io, ORAS BOLAS!

Silvia D'Lucca

Il mio amico è speciale e lo sono anch'io, oras bolas!

DEDICA

Dedico questo libro alla mia meravigliosa famiglia.

"Famiglia
...
Famiglia Famiglia
Viviamo insieme ogni giorno"
Composizione: Arnaldo Antunes / Toni Bellot

Dedico la migliore scuola, la migliore squadra...
Un momento indimenticabile...

Il mio amico è speciale e lo sono anch'io, oras bolas!

"Penso che la fede sia un'estensione dello spirito. È la chiave
che apre le porte all'impossibile"

Charles Chaplin

RINGRAZIAMENTI

Ringrazio Dio per aver trasformato questo sogno in realtà.
Ho raggiunto!
Grazie Dio!

Il mio amico è speciale e lo sono anch'io, oras bolas!

Mi chiamo Júlio César Bulhões Figueiredo Neto. Nome enorme, vero? Beh, ho lo stesso nome di mio nonno Júlio César Bulhões Figueiredo. E il mio nome ha ancora Neto. Ma puoi chiamarmi Leco. Il mio soprannome a scuola. Ora tutti mi chiamano Leco. Prima era di Julinho.

Chi ha dato questo soprannome è stato il mio migliore amico Enzo Passarinho. Anche a scuola tutti lo conoscono come Enzo Passarinho. Siamo amici inseparabili.

I migliori amici del mondo!

Ma lasciamo che questa storia cominci dall'inizio. Voglio raccontarti come io e Enzo Passarinho siamo diventati grandi amici.

Tutto è iniziato nel primo anno A.

Io, Júlio César, sto studiando il primo anno nell'aula della professoressa Antonieta. Secondo mia Madre, una grande maestra. Ha già insegnato ai miei quattro fratelli nella stessa scuola.

La mia classe del primo anno è ben educata, tutta ordinata. Tutto a norma. Io e tutti i miei colleghi abbiamo sei anni. Siamo trenta studenti nella stanza.

Ogni giorno mia madre Bruna mi porta a scuola con i miei quattro fratelli: Vinicio, di quattordici anni; Pedro, undici anni; Amanda ha dieci anni; Matheus ha otto anni.

Non appena i cancelli si aprono, ci dirigiamo verso le nostre aule.

Nel mio ufficio non è divertente, ogni giorno è sempre la stessa cosa. Tutti i miei amici ed io arriviamo alla porta e la professoressa Antonieta è già seduta alla sua scrivania, ad aspettarci. Tutti devono fermarsi alla porta e chiedere:

"Mi scusi, professore!" per poi entrare nella stanza.

La maestra ci guarda come per dire di sì e possiamo entrare.

Nessuno entra senza che l'insegnante abbia prima guardato,

altrimenti subiranno una grossa sgridata.

Ogni studente siede al suo posto ed è in assoluto silenzio. L'insegnante osserva tutti e la lezione ha inizio. Prima viene la chiamata per vedere chi è presente e chi è assente. Quindi l'insegnante inizia le lezioni.

Tutto sempre uguale!
Tutto sempre uguale!
Tutto sempre uguale!
Tutto sempre uguale!
Tutto sempre uguale!

Ogni giorno tacevamo e prestavamo attenzione all'insegnante. Tutto in assoluto silenzio... Impossibile anche sentire il rumore del respiro...

Tutto era sempre uguale, tutto era sempre così, fino a quel giorno...

Stavamo tutti facendo i compiti del libro di matematica. La maestra era seduta al suo banco quando entrò la preside, Dona Praga.

Non ricordo nemmeno più il nome del regista. So che non ha quel nome. Ma è solo che tutti parlavano così tanto di Dona Praga che alla fine è andata così. È così che tutti gli insegnanti della scuola chiamano il preside. Dicono che sia piuttosto noiosa.

Quando il direttore è entrato nella stanza, è andata subito a parlare con l'insegnante.

I miei colleghi e io abbiamo guardato e ascoltato l'intera conversazione. Facevamo finta di concentrarci sulla lezione, ma in realtà eravamo tutti interessati alla conversazione.

__Nuova studentessa, Antonieta. _avvisa Dona Praga.

__A quel tempo, primo anno. _ dice la professoressa Antonieta prendendo la cartella dello studente.

__ Studente speciale. Viene da una scuola privata. _avvisa Dona Praga.

__Che cosa? _ chiede la maestra come se non avesse sentito bene.

__È tutto sul grafico. _ dice Dona Praga.

__Autistico! _ dice l'insegnante.

Il regista annuisce affermativamente ed esce dalla stanza.

Quelle parole mi sono rimaste in testa. Ho guardato con la coda dell'occhio l'insegnante che leggeva quel foglio che il preside le aveva consegnato. La mia maestra aveva una faccia da pochi amici, molto arrabbiata.

Durante la pausa, era ancora curioso.

__Cos'è uno studente speciale? chiesi ad Artù.

__ Qualcosa... non lo so... _ rispose Arthur.

__Non lo so... _ dissi pensieroso.

__Vuoi un pezzo di torta? _ chiede Arthur cambiando argomento.

__No, mangerò il mio biscotto. dissi ancora pensando.

__Giochiamo a prendere a prendere. _continua Artù.

__Può essere. dissi già pensando alla battuta.

L'altro giorno, all'ora del vialetto, ero ansioso di lasciare l'auto. Volevo incontrare subito la persona autistica.

In effetti quella notte non avevo nemmeno dormito bene, sembrava fosse il primo giorno di scuola. Volevo andare subito a scuola e parlare con i miei amici.

Il cancello si aprì. Io e i miei fratelli andavamo a scuola. La mamma è andata a lavorare.

Non sono andato dritto in classe come ho sempre fatto. Sono rimasto vicino al cancello. Presto arrivarono anche João e Arthur e andarono lì. Aspettavamo l'arrivo dell'elicottero. Volevo incontrare il mio amico speciale. Veniva da una scuola privata... Poteva essere solo in elicottero.

Il pomeriggio precedente, João, Arthur e io ci siamo scambiati diversi messaggi e la conclusione è stata ovvia: il nuovo studente era milionario, stava arrivando a scuola in elicottero.

Gli studenti iniziarono ad arrivare, arrivarono altri compagni di classe e noi eravamo lì ad aspettare...

Finché l'ispettore non ha mandato tutti in classe e ha chiuso a chiave il cancello.

__Aspetta ancora un po'... _disse João.

__A passeggio. La lezione sta già iniziando. _ informa l'Ispettore.

In quel momento è arrivata una macchina, una donna è scesa con un ragazzo ed è salita.

Era lo studente speciale. Che noioso! Tutto normale. Capelli pettinati, uniforme scolastica, zaino. Non c'era niente di diverso.

Ho guardato i miei due amici...

La lezione stava iniziando e questa volta è successo qualcosa di diverso. La nostra insegnante, Dona Antonieta, ha avvertito che, da quel giorno, ci sarebbe stata in aula un'assistente dell'insegnante, Beatriz.

L'insegnante stava presentando Beatriz quando Dona Praga è apparsa sulla porta della nostra classe, con il nuovo studente e sua madre. Abbiamo guardato tutti in assoluto silenzio. L'insegnante andò alla porta dell'aula, entrò il nuovo studente, si sedette a un banco in fondo. Beatriz si sedette accanto a lei.

Tutto è tornato alla normalità. Classe iniziata. Silenzio assoluto. Di tanto in tanto qualcuno guardava indietro per vedere il nuovo studente e Beatriz. Continuava a parlargli dolcemente per tutto il tempo.

Ad un tratto Enzo, il nuovo studente, mi ha guardato, io l'ho guardato e non ho detto niente. Ma disse ad alta voce:

"Ehi!"

L'intera stanza sembrava. Guardò Enzo e poi guardò me.

Non ho detto niente, ho guardato il taccuino camuffando.

__Silenzio! Presta attenzione alla lezione. _vede l'insegnante.

Ho fatto finta di guardare il quaderno e ho sbirciato la maestra, sembrava molto seria. Non mi piaceva affatto il rumore.

Fine della lezione, abbiamo messo via i materiali, c'era ancora un po' di tempo, come tutti i giorni, abbiamo cantato prima di partire. La mia canzone preferita era "Dona Aranha".

La musica non era così speciale, ma il finale è stato fantastico. Al momento della **"pioggia battente l'ha abbattuto"** abbiamo tutti alzato le mani e abbiamo sbattuto forte i nostri portafogli. È stato davvero bello... L'unica volta in cui hai sentito un po' di rumore in classe.

Ma quando il "bummmmmm!" Enzo non si è mai fermato.

"bummmmmm!"

"bummmmmm!"
"bummmmmm!"
"bummmmmm!"
"bummmmmm!"
"bummmmmm!"
"bummmmmm!"
"bummmmmm!"
"bummmmmm!"
"bummmmmm!"
"bummmmmm!"
"bummmmmm!"
"bummmmmm!"
"bummmmmm!"
"bummmmmm!"
"bummmmmm!"
"bummmmmm!"
"bummmmmm!"

La nostra Spider Lady è caduta solo una volta, ma la Spider

Lady di Enzo continuava a cadere. Continuava a ripetere molte volte **"e l'ha fatta cadere"** e ha colpito forte il portafoglio con le mani, **"e l'ha fatta cadere"** e ha fatto cadere forte il portafoglio con le mani...

È stato molto bello. A dire la verità mi è piaciuto molto e anche ai miei amici è piaciuto molto, lo so.

Di nuovo l'insegnante si fece serio. Beatriz continuava a chiedergli di smetterla e lui no. Abbiamo guardato, è stato allora che è suonato il campanello e siamo usciti dalla stanza.

Enzo è scappato, mi è venuto vicinissimo e mi ha detto:

__Ciao amico. Ci vediamo domani! _ dice Enzo.

Beatriz gli si avvicinò, lo prese sottobraccio e lo condusse all'uscita. Lo guardavo senza capire veramente.

La mia classe non tace più. Enzo parla sempre e parla a voce alta... Ci sono momenti in cui interferisce anche con la concentrazione, anche gli altri studenti si irritano.

__Enzo, stai zitto! _ dice Gustavo.

__Enzo, basta rumore con le matite colorate. _ dice Maria Chiara.

__Sto studiando. _ dice Enzo.

__No, non lo è, fa molto rumore. _ dice Arturo.

Ci sono momenti in cui Beatriz esce dalla stanza con Enzo. Poi rimane sempre per noi la predica. L'insegnante è irritato.

__Non e possibile. Tu non stai zitto. _ dice il professore.

__La professoressa è Enzo che fa rumore. _ dice Giovanni.

__No, non è solo Enzo. Sono tutti. _dice l'insegnante_ Ogni volta che qualcuno guarda indietro. Ogni volta c'è uno scherzo. Ogni volta che ci sono persone che rispondono a ciò che chiede...

__Ma maestro, noi rispondiamo solo a quello che chiede. _Ho parlato.

__Non rispondere. Non è per parlare! _dice la maestra_ E vogliono sapere una cosa... Oggi non c'è ricreazione per nessuno. Sono tutti a terra!

Uno guarda il viso dell'altro indignato. Qualcuno stava per alzare la mano per parlare quando l'insegnante non glielo ha permesso.

__E poi di chi lamentarsi. Sarai in punizione per una settimana. _ avvisa il docente.

La cosa peggiore al mondo era stare senza ricreazione. Tornavamo dal pranzo, ognuno seduto al suo posto. Dovevamo sederci tutti con le braccia incrociate e la bocca chiusa, continuavamo a guardare il tavolo senza dire niente. Un grande peccato. Ci è voluto molto tempo... Un'eternità... Com'è stato difficile sopportare...

Sono contento che la lezione sia finita, non mi ricordavo più. Stavo giocando, con Matheus, nel piazzale dei carri. Abbiamo preso una strada sterrata. Il nonno si prendeva cura del giardino, piantava lattuga. Suonare è stato molto bello. Il pomeriggio passò veloce... Il sole in faccia... L'acqua che giocava... La terra...

È stato a pranzo che è successo tutto.

Enzo prese un biscotto da Clarice e scappò via. La ragazza si arrabbiò molto e gli corse dietro. È stato un grande urlo. Molte persone fanno il tifo per Enzo e molte persone fanno il tifo per Clarice. Il rumore era così forte che Dona Praga apparve nel cortile.

__Cos'è questo? gridò Dona Praga.

Tutti si fermarono e la fissarono.

Aveva già visto cosa stava succedendo. Prese Enzo sottobraccio e lo portò alla scacchiera.

__Donna noiosa. Rovinato il divertimento. _ disse Gustavo.

__ Ragazzo noioso. _ si lamentò Clarice.

__Cosa succederà adesso ad Enzo... _dissi pensieroso.

Anche in classe la giornata è stata tumultuosa, molto rumore, molta confusione, molta irritazione e il Maestro litigava con tutti.

Giorno dopo giorno le cose stavano diventando piuttosto difficili, sempre confusione, sempre rumore, sempre persone arrabbiate.

Altra merenda, Enzo si è seduto accanto a me.

__Ciao amico, Leco. _ disse Enzo.

__Ehi! _Ho risposto.

__Vuoi un biscotto? È cioccolato! _ disse Enzo.

Lo guardai e annuii affermativamente. Mi ha dato il biscotto. Ho mangiato. Gli ho dato un pezzo del mio pane. Fu in questo giorno che iniziò una grande amicizia.

Siamo andati a bere acqua insieme, abbiamo riempito la nostra bottiglietta. Poi abbiamo parlato di giochi. Enzo sapeva molto di giochi

Il mio amico Enzo è davvero fantastico!

Tornammo in salotto, Enzo voleva sedersi alla mia scrivania a parlare di giochi. Il Maestro si arrabbiò molto e lo trascinò nel suo angolo. Ha mandato Beatriz a prendersi cura di lui. Enzo passò il resto della giornata a piangere. Non sapevo cosa fare...

Era nel mio portafoglio a testa bassa. Se continuavo a guardare il mio amico, poteva andare peggio. La Maestra poteva arrabbiarsi ancora di più, poteva mandare un biglietto a mia madre, peggio ancora, poteva lasciarmi senza pausa per un mes

Nel pomeriggio ho raccontato tutto al nonno. L'ha appena guardato, sembrava pensieroso...

__Cos'è un bambino speciale, nonno? chiesi dopo un po'.

Il nonno si fermò, mi guardò serio. Poi rise forte e disse:

__Ogni bambino è speciale. Ogni volta che voglio incontrare il tuo nuovo amico. Invitalo a venire a giocare qui un pomeriggio.

__Mi chiama Leco. Ti ho già detto che sono Julinho. _Ho parlato.

__Va bene. Ha inventato un nuovo soprannome. È molto bello. _ disse il nonno.

__Leco. Davvero fantastico... Leco. Ho detto che mi è piaciuto.

__È fantastico fare nuove amicizie. _ dice il nonno.

__Mi piaceva. Sa molto sui giochi. _Ho parlato.

__Lui può insegnarti i giochi e tu gli insegni quello che sai. _ dice il nonno.

__Domani parlerò molto con Enzo. _Ho parlato.

Ricreazione a scuola. Buona cosa! Giocare a rincorrersi... Una delizia!... Uno che corre dietro all'altro. Enzo era più in sintonia e scherzava. Ragazzino da correre!!! Sembrava vento... Scappa, non c'era modo di farsi prendere...

Ci ho provato, ho corso più che potevo... sono rimasto indietro... Wow, corre davvero!

Suonò il campanello, era ora di entrare nella stanza.

Enzo correva, passava di corsa molta gente. Le ragazze chiacchieravano in quel fastidioso circolo femminile. Erano a metà strada... Passava molta gente... Molte persone si lamentavano... Sono andato a bere acqua, ero stanco.

Eravamo tutti in classe quando qualcuno apparve sulla porta:

__Professora Antonietta, la tua studentessa ha scalato il muro! _avvisare la persona.

Uno guarda in faccia l'altro. Il professore uscì dalla stanza irritato. Tutti siamo tornati indietro. Era Enzo che era sul muro.

__Scendi laggiù, Enzo! In classe, subito! _ grida il professore.

__Cos'è successo qua? Cosa ci fa questo ragazzo sul muro? _ chiede Dona Praga comparendo.

__Non so... _Cerca di dirlo al Professore.

__Come non lo sai? Dovrebbe sapere. _ dice Dona Praga.

__Beatriz... _prova di nuovo a dirlo al professore.

__Beatriz è un asino. Lasciò che il ragazzo si arrampicasse sul muro. _ grida ancora Dona Praga.

So che Dona Praga, Beatriz e il Professore hanno tolto Enzo dal muro. Siamo tornati in classe, emozionati.

Molto tumulto. Tanta gente che parla senza sosta, non ho mai visto tanto rumore in classe come quel giorno...

E la signora Prague era ancora irritata con tutti.

__ Antonietta, perché non ti sei presa cura di questo ragazzo? Beatriz, dov'eri che non hai visto lo studente? Che gente!... Lancerò un avvertimento a tutti in questa scuola. Che casino è questo posto. _ urla Dona Praga.

__Enzo, perché hai scalato il muro? _ Ho chiesto.

__Voglio volare! _ rispose Enzo.

__Ma tu non sai volare. _Ho parlato.

__Voglio volare. Imparerò. _ disse Enzo.

__No, non lo farà. Cadrai e ti farai male. _Ho parlato.

__Volerò molto in alto. _ dice Enzo.

__Volevo anche volare, mi sono messo un mantello. Sono caduto e mi sono fatto male al braccio. È stato davvero brutto. Non arrampicarti più sul muro, okay. _Ho parlato.

__Vado a volare, Leco. _ insiste Enzo.

__Non lo sai. Ho parlato di nuovo.

Enzo guardò, poi andò alla scrivania accanto a lui come se non avesse sentito niente, giocherellando con la sua valigetta.

Era lunedì, siamo arrivati e non c'era nessuno in classe. Tutti parlano allo stesso tempo. Il regista è arrivato e ha rimproverato.

__Tutti seduti in silenzio! _Urla Dona Praga_ Sono la

professoressa Solange. Starà con te. La professoressa Antonieta è in congedo. Hai la depressione!

L'uno guardava in faccia l'altro e taceva.

So cos'è la depressione. Ho studiato per il test di geografia e ho preso una A. Ma più tardi mi è stato detto che non era quel tipo di depressione. Che la depressione dell'insegnante era una malattia.

So che questo è stato l'inizio di una settimana infernale.

Enzo decise di restare in cima alla scrivania. Tutti si sono lamentati molto. La maestra continuava a parlare, un rumore infernale... La signora Praga è apparsa più volte in classe. Ha dato un dannato rimprovero, se n'è andato. Cinque minuti dopo era tutto uguale.

Martedì è successa la stessa cosa. Entriamo e niente dall'insegnante. Ancora una volta, Dona Praga è entrata in classe.

__Questa è Dona Carina. Sarà la tua insegnante. _ dillo a Dona Praga.

__Dov'è Beatrice? _ chiese il mio amico.

__Scuole cambiate. È andato a lavorare altrove. _ dice Dona Praga.

__Come mai? _chiede Sofia.

__Lo so? Vai a sederti e chiudi la bocca. _ dice Dona Praga.

Un'altra giornata rumorosa. Enzo passeggiava avanti e indietro per l'aula.

Ma la confusione più grande è stata a pranzo. Tutta colpa di Gustavo. Di punto in bianco, Gustavo ha trovato un sasso e ha continuato a minacciare di lanciarlo contro qualcuno.

Giocattolo inutile. Ma Enzo prese il sasso, corse fuori e lo scagliò contro la finestra. Il vetro si è rotto!

Dona Praga si infuriò, prese Enzo per un braccio e lo portò alla scacchiera.

__Ti mando a casa! Chiamo subito tua madre! _ informa il direttore.

Non mi è piaciuto affatto. Tutti vedevano che era colpa di Gustavo e non di Enzo.

__Hai visto cosa hai fatto, Gustavo. _Ho parlato.

__È stato Enzo a farlo. È stato lui a rompere il vetro. _dice Gustavo ridendo.

__Chi è apparso con la pietra eri tu. _Ho parlato.

__Sono seduto qui, non ho fatto niente. _ dice Gustavo.

Volevo dare un pugno sul naso a Gustavo. Ragazzo noioso!

Un altro giorno, un altro insegnante...

Noioso, non mi piaceva affatto questo insegnante. Non ricordo nemmeno il suo nome. Non credo di aver nemmeno sentito bene, c'era così tanto rumore all'inizio della lezione.

Tutto quello che so è che se ne fece fare una copia. Rimasi lì a scrivere che non finiva più, mi faceva male il dito. Ho guardato e ho visto i miei amici lamentarsi. Quei pochi che copiavano... C'era una ragazza che disegnava un fiorellino e lo dava alla maestra...

Mi sono stancato e ho chiesto di andare in bagno. Non avevo proprio voglia di andare in bagno. Volevo allontanarmi da quel casino.

Com'era bello poter respirare. Ho camminato lentamente lungo il corridoio. Ho passato un po' in bagno. Quando sono uscito, Enzo stava giocando con una barchetta di carta nel lavandino.

__Vieni a giocare con me, amico Leco. _ dice Enzo.

Non ha avuto bisogno di dirlo due volte. Ho preso un foglio di carta e ho fatto la mia barchetta. Giocare in acqua con una barchetta di carta è un piacere.

__La mia barca naviga veloce. _ dice Enzo spingendo la sua barchetta.

__Fai attenzione all'onda gigante. _ dissi sbattendo la mano nell'acqua.

__Chiama il comandante. Sollievo! _ grida Enzo.

__Tutti alla scialuppa... Donne e bambini prima... _dissi.

__Il capitano scende con la nave... _ disse Enzo.

__La mia nave è il Titanic. _Ho parlato.

__Anche il mio, Leco. _ disse Enzo.

__Perché mi chiami Leco? _ Ho chiesto.

__È un bel nome. Mi piace il nome. _ disse Enzo.

__Sai che è piaciuto anche a me. Puoi chiamarmi Leco per sempre! _Ho parlato.

Finché qualcuno non l'ha visto ed è andato a lamentarsi. Proprio così, Dona Praga è apparsa tutta furiosa.

Eravamo io ed Enzo nell'ufficio del preside con lo zaino e tutto il resto. Ha chiamato le nostre madri e siamo tornate a casa.

Che sfiga, oltre a sentire i rimproveri della direttrice... Quella peste era proprio una peste! Inoltre dovevo ascoltare mia madre che mi rimproverava. Era furiosa.

__Júlio César, non posso credere che ti comporti così a scuola. _ dice mia madre.

__Posso spiegare tutto... _ho provato a dire.

__Spiegare che cosa? Guarda il tuo stato! Tutto bagnato! Il regista vi ha già detto tutto. _ dice la madre.

__Ma non ho fatto niente. _disse.

__Come no? Stava scherzando in cortile. Annaffiare tutto! _ dice la madre.

__Ma non ho fatto casino. Stavo solo giocando a barchetta di carta. _Ho parlato.

__Non vai a scuola per giocare. _ dice mia madre.

__Anche io non andrò così mi fa male il dito per aver fatto

delle copie. _Ho parlato.

__Stavo studiando. _dillo mamma.

__Non era. Copiare è molto noioso. _Ho parlato.

__Egli arriva! Non dire più niente! È a terra! _ dice mia madre molto arrabbiata.

La punizione è durata un'eternità... Grazie a Dio è finita...

A scuola sono state tre settimane infernali. Fino a quel giorno...

Non dimenticherò mai quel giorno!! !!!! !!!!!!!!!!!!!!!!!!!!!

Il professore entrò nella stanza. Ero solo.

Dona Praga non veniva con lei da tempo. Aveva già rinunciato a presentare un insegnante al giorno. Nessuno sopportava di restare nella nostra classe, il giorno dopo l'insegnante scomparve.

Va bene, l'insegnante è arrivato.

__Buongiorno! _dice il Professore ad alta voce, richiamando l'attenzione su tutti quelli che hanno smesso di parlare.

Enzo era l'unico rimasto sotto la scrivania. Tutti si sono seduti ai loro posti.

__Sono la professoressa Silvia. Sarò il tuo Maestro d'ora in poi. _ avvisa il docente.

__Insegnante oggi. Ogni giorno c'è un nuovo insegnante in questa stanza. _ dice Maria Chiara.

__Professore fino alla fine dell'anno. Organizziamo questa stanza una volta per tutte. _ dice il professore.

Uno guarda in faccia l'altro ed è stata davvero una rivoluzione. Quindici minuti di rumore infernale. I banchi erano disposti in cerchio e ogni bambino sedeva...

Non crederai!!!!!!!!!!???????? Indovina???!!!!!!!!!!!!!!!!!!!

Scommetto che non lo farei mai bene. Ogni bambino sedeva... Sotto la sua scrivania, come Enzo. Anche il professore sedeva sotto la scrivania.

Il silenzio era... TOTALE!

__Molto bene, cominciamo. _dice la professoressa Silvia_ so già tutto. Hanno detto che questa è una classe infernale, che nessuno vuole essere il tuo insegnante...

__Tutta colpa di Enzo. La nostra stanza era diversa senza di lui. _dice Patrizia.

_Ha rotto la finestra. _ dice Gustavo.

_Sei stato tu a fare quello stupido gioco con la pietra. _Ho parlato.

_Non voglio sapere di alcun senso di colpa. Non è colpa di nessuno. Enzo non è colpevole di niente. _avvisa l'insegnante_ Presta molta attenzione a quello che sto per dire. D'ora in poi siamo una squadra. Siamo una squadra. Siamo una famiglia. Ora tutti aiutano tutti. E quelli che non vogliono, quelli a cui non piace, possono andarsene. Puoi cambiare stanza e non ti fermerò! È ora che tutto si rimetta in carreggiata e lo farà! Sono venuto per restare. Tutto sarà migliore. Siamo uniti!

Uno guardò in faccia l'altro non credendo del tutto al Professore.

_Enzo, guarda la professoressa Silvia! _fala Insegnante che guarda Enzo.

Enzo smise di giocare con delle matite e fissò il professore.

__Cosa sei venuto a fare a scuola? _chiede l'insegnante.

__Studia... _dice Enzo.

__Poi, da oggi, studierai. _avvisa la maestra_ Tu ti siedi accanto a me, io ti insegno a leggere e tu fai tutte le lezioni. Combinato?

__Combinato! _ Enzo parla molto seriamente.

__È davvero d'accordo!!!! Tutti qui studieranno. Questa sarà la stanza migliore della scuola. _parla il Maestro_ Ognuno farà le sue lezioni. Tutti si impegneranno a fare del loro meglio. Credo! Ti credo! Combinato?

__Combinato! _ripetevamo in coro senza sapere esattamente se fosse davvero d'accordo.

__Ripeti: credo! _chiede l'insegnante.
__Credo! _ ripetiamo tutti insieme.

Credo!

__Tutti qui hanno un punto di forza. Voglio vedere il punto di forza di ciascuno. _dice il Professore_ Me lo mostrerai tutti i giorni. E il punto debole?... Ognuno ha anche il suo punto debole! Quindi è ora di smetterla di puntarsi il dito l'un l'altro e dire cosa stai facendo di sbagliato. Tutti sbagliano... io non sono venuto qui per ascoltare o discutere quello che l'altro ha fatto o non ha fatto... sono qui per aiutare ognuno a fare sempre del suo meglio...

In questo momento, il preside ha aperto la porta all'improvviso. Ha visto tutti seduti sotto i tavoli... Ha visto che anche la professoressa Silvia era sotto il tavolo. Fece una smorfia che non gli piacque affatto e se ne andò.

__Lo so già! Lo so già! È per questo che sono qui. So tutto. Non permetteremo a nessuno di rovinare nulla. _avvisa la maestra_ Ora dimmi, cosa sai di Enzo?

__Lui è speciale. _ dice Arturo.

__Lui è l'inclusione. _ dice Giovanni.

__È uno studente autistico. _ dice Maria Chiara.

__Cos'è uno studente autistico? ho chiesto all'insegnante.

Tutti guardarono. In realtà nessuno lo sapeva. Nessuno ce l'aveva detto.

__Chiedo: cos'è uno studente speciale? Cos'è l'inclusione? Cos'è uno studente autistico? _ chiede la professoressa Silvia.

__Non sai cos'è uno studente autistico... Mio padre mi ha detto cos'è uno studente autistico. _ dice Maria Chiara.

__Allora dicci quello che sai, Maria Clara. _chiede l'insegnante.

__È un disturbo dello spettro autistico _ dice Maria Clara tutta piena di sé.

__Cos'è il disturbo dello spettro autistico? chiede Arthur.

__È un disturbo dello spettro autistico. Mio padre ha parlato. _

dice Maria Chiara.

Risultato: rimaniamo a zero. Nessuno ha capito niente!

__Bene, vi spiego cos'è uno studente autistico... Uno studente speciale... _dice l'insegnante uscendo da sotto il tavolo_ Pensiamo a questo: chi è uguale all'altro?

Il professore guardò ciascuno di noi. Ci siamo guardati anche noi. Ognuno era diverso dall'altro...

__Molto bene... Non c'è nessuno uguale all'altro, giusto? _ continua la professoressa Silvia. _Nemmeno i gemelli sono uguali. Uno è in un modo, l'altro in un altro. Anche Enzo non è come nessun altro. Ogni bambino ha il proprio ritmo di sviluppo e lo rispetteremo. Ci sono persone che sono brave in qualcosa, ci sono persone che sono brave in qualcos'altro, ci sono persone che sono brave in molte cose. Ci sono anche persone che sono brave in alcune cose. Sei tu? Litigherai con le persone per questo? Non! Rispetterai tutti. Questo è ciò che dobbiamo fare: il rispetto. Conosciamo persone e vedremo che in fondo, in fondo, siamo tutti uguali, ma anche diversi.

Un mix "pazzo, dannatamente buono". Che buffo dire che: "siamo uguali e diversi! Questo è tutto!"

La professoressa Silvia ha guardato ognuno di noi e ha continuato...

__Ci sono giorni in cui siamo felici. Ci sono giorni in cui siamo tristi. Ci sono giorni in cui si sveglia imbronciato. Ci sono giorni in cui mi sveglio pieno di voglia di parlare. È così

con tutti. Guarda Enzo. Cosa stai vedendo? Vedo un ragazzo come gli altri. Suona, studia, sa fare tante cose. Ci sono momenti in cui è triste, ci sono momenti in cui è felice. Ci sono momenti in cui vuoi davvero studiare. Ci sono ore in cui non hai voglia di studiare. Dimmi, cosa vedi di diverso?

Non dico niente!
Non dico niente!
Non dico niente!
Non dico niente!
Non dico niente!
Non dico niente!
Non dico niente!
Non dico niente!
Non dico niente!
Non dico niente!

Ci sono persone che trovano facile salire una scala, ci sono persone che hanno più difficoltà. Ci piacerà più l'uno e meno l'altro. Ovviamente no!!!!! Ci sono persone che ne sanno di più in matematica. Ci sono persone che conoscono di più la lingua portoghese. E? Tutti devono essere uguali a tutti??????

Enzo è autistico. E? Questo non ti rende diverso da chiunque altro. Imparerà anche lui. Certo che ha il suo ritmo. Dopotutto, ognuno di noi ha il proprio ritmo. Enzo ti parlerà, farà le lezioni. Ci sono momenti in cui si irriterà. Normale. Anch'io mi arrabbio, sai. Non vuoi vedermi arrabbiato... Ci sono momenti in cui ti viene da piangere. Chi qui non ha mai pianto?

Quindi facciamo una cosa: dimentica di chiedere cosa è speciale, autistico e roba del genere. Metti qualcos'altro nella tua mente... Siamo esseri unici. Ognuno qui è speciale a modo suo. Tutti qui possono fare qualsiasi cosa. Non si parla di questo o quello. Non attenersi a questo pregiudizio, a queste etichette che il mondo degli adulti si mette.

Il mondo degli adulti è molto noioso. Il mondo degli adulti non sa come affrontare nulla. Il mondo degli adulti inventa le parole. Ha inventato la parola autistico, ha inventato un bambino speciale, ha inventato la parola autismo. E ha dimenticato di pensare a parole inventate tanto tempo fa: amore, affetto, rispetto, uguale...

Queste parole sono usate nel mondo degli adulti. Servono e hanno rilevanza nel mondo degli adulti. Nel mondo dei bambini non abbiamo bisogno di queste parole.

Non voler più rendere complicato il semplice. Guarda il mondo con gli occhi di un bambino. I bambini sanno avere amici veri, sanno capirsi, sanno piacere agli amici.

E 'così semplice!!!!!!!!!!

Voglio che tutti siano amici.

Sentilo!!!!!!!!!!...

Chiudete gli occhi e sentite crescere la nostra amicizia!!!!!!...

Lo senti???!!!!...

Voglio vedere, tutti con gli occhi

chiusi...

La professoressa Silvia chiuse gli occhi.

Imitiamo e chiudiamo anche gli occhi. C'era il massimo silenzio in classe.

__Sintam... _dice la professoressa Silvia _ Siamo tutti amici. Siamo tutti esseri unici... Senti... Solo chi sente con il cuore può raggiungere questa magia... Senti... Senti con il cuore... Senti con il cuore!!!!... E ricorda - se mai. È come l'isola che non c'è di Peter Pan qui. Credo! Ti credo! Senti con il cuore!... Metti la mano sul cuore.

Ci siamo messi tutti le mani sul cuore e sentivamo veramente quelle parole...

__Ripeti dopo di me: "Credo!" _chiede l'insegnante.

__Credo! _ parliamo tutti insieme.

__Di nuovo. Deve essere dal cuore: "Credo!" _ dice il professore.

__Credo! _ parliamo ancora.

__ Senti e parla ad alta voce: "Credo!" _chiede l'insegnante.

__Credo! Parliamo ad alta voce.

__Lo stanno sentendo... La magia sta iniziando... Lo vedo già... "Credo!" _

dice molto felice la professoressa Silvia.

La notte è arrivata.

Tutti dormivano già. Ma non riuscivo a dormire. Quella lezione è stata la migliore che abbia mai avuto in vita mia. Quella lezione rimarrà per sempre nella mia memoria. Nel mio cuore...

Ho approfittato del fatto che la finestra era aperta, si vedeva la luna in cielo e con delle lenzuola ho fatto una piccola cabina sul mio letto.

Ho approfittato del fatto che nessuno stava guardando e ho iniziato a parlare da solo. Il bambino parla sempre da solo. È molto buono.

__Professora Silvia, la migliore insegnante del mondo. Ho il miglior insegnante del mondo... Questo è davvero bello... Non ci posso credere... Ho raccontato a tutti della lezione di oggi. La mia classe era SUPIMPA!

La maestra insegnava tutto... Alla mamma piaceva quello che dicevo, al nonno piaceva quello che dicevo. I miei fratelli pensavano che fosse uno scherzo. Che una classe non avrebbe potuto essere così buona. Ma era buono! È stato meraviglioso! Era la migliore classe del mondo!... Ho il miglior insegnante del mondo!

Ero così eccitato per il momento che ho finito per dimenticare che era notte e stavo già parlando ad alta voce. Vinicio sbirciò e vide che ero seduto sul letto.

__Cosa fai da sveglio, Julinho? _ chiede Vinicio.

__Niente. _ dissi senza grazia.

__Cerca di dormire perché ho sonno. _ parla Vinicio.

Vinicio tornò a letto. Lui era sul letto in alto e io in quello in basso. Non avevo voglia di dormire.

__Il mio soggiorno è unito. Siamo amici inseparabili. Siamo una squadra e ci aiutiamo sempre a vicenda. Qualunque cosa accada, uno deve sempre aiutare l'altro. Siamo gli occhi della professoressa Silvia ovunque. La professoressa Silvia è una nostra super amica e ha sempre bisogno di sapere tutto. Che... Siamo amici della professoressa Silvia. IL MIO nuovo Maestro.

__Non hai ancora dormito? _ chiede Vinicio dall'alto.

Non ho detto niente. Mi sdraio tranquillamente nel mio letto.

Vinicio era troppo fastidioso. Non mi lasciava nemmeno parlare da solo.

__Puoi lasciare la professoressa Silvia. Comprendiamo la lezione. Enzo è nostro amico. È diverso, ma è lo stesso. Perché è troppo semplice ognuno è diverso e tutti sono uguali. Giusto! Puoi capirlo solo chi è un bambino. E la mia maestra Silvia, ovviamente, ha l'anima di una bambina.

Sono triste un momento, quello dopo sono felice. Sono interessato e poi sconvolto, sono timido e posso essere qualsiasi cosa... anche Enzo. Perché gli adulti non hanno detto queste parole: autistico, speciale, inclusività l'hanno inventata loro. Sono usati nel loro mondo. E per un bambino, in verità, non servono.

Conosco Enzo. Il mio amico è davvero fantastico. Abbiamo giocato insieme nel lavandino del patio. Eravamo in punizione, a casa, insieme. E guarda, il mio amico Enzo è un fanatico della matematica. Nessuno lo batte!

__Júlio César, se non chiudi la bocca ti faccio ingoiare il cuscino. _ grida Vinicio dal letto di sopra.

__Sono tranquillo. _Ho parlato.

__Stai parlando fuori di testa. È ora di dormire. Buona Notte! _ parla Vinicio.

__Buona notte! _ dissi sconvolto.

Maggiore silenzio. Bene, potrei pensare ancora un po'.

__Non vedo l'ora che arrivi la lezione di domani... _Stavo parlando ad alta voce pensieroso.

__Dormi o ti torcerò il collo. Questa è una cosa seria, Júlio César Bulhões Figueiredo Neto. _ dice Vinicio irritato.

__Bene. E mi chiamo Leo. Ascolta, Leone. _Ho parlato.

__Leco, Júlio César Bulhões Figueiredo Neto, Julinho, non importa! Dormi e stai tranquillo! _ si lamenta Vinicio.

__Dormito!!!!! _ dissi finalmente chiudendo definitivamente la bocca o finivo per prendere un grosso collo da mio fratello.

__Mamma, posso giocare con un amico a casa questo pomeriggio? chiesi scendendo dall'auto.

__Chiedi a tuo nonno. E vieni appena sono già in ritardo. _ dice la madre.

__Ho già parlato con il nonno. Ha detto che va bene. _Ho parlato.

__Tá bene, ti abbini a tuo nonno. Arrivederci! _ dice la madre.

La mamma parte velocemente con la macchina. Lei era in ritardo. Ho avuto molto da fare. Ero felice di poter portare Enzo a casa a giocare.

Ho concordato con il mio amico e sua madre. Lo avrebbe accompagnato a casa alle due del pomeriggio.

A pranzo la mamma stava parlando con il nonno. Qualcuno ha applaudito e sono corsa fuori a vedere.

__Deve essere Enzo. _ dissi andando al cancello.

__Enzo. Che Enzo? Quel ragazzo si prepara. _ dice la madre.

__Il mio amico viene a giocare con me. _Ho parlato.

__Non sapevo fosse Enzo. È meglio che inventi una scusa. Può creare confusione. _ dice la madre.

__I bambini giocheranno. Puoi lasciare che me ne occupi io. _ dice il nonno.

__Se c'è qualche confusione, chiama la madre per venire a prenderlo. _ dice la madre.

Mio nonno andò alla porta e chiamò Enzo perché entrasse. Anche così, mia madre andò al cancello per parlare con sua madre.

Siamo andati a giocare con un carretto in giardino. Cortile di terra, sotto l'albero di mango. Ho i miei carrelli. Enzo ha portato il suo. Presto apparve mio nonno. Andò a sedersi su una panchina vicina con un libro da leggere.

Ho preso una strada sterrata. Ci mettiamo sopra i carrelli. Ho raccolto dei sassolini da mettere sulla strada. Enzo ha ricavato un garage da una scatola di cartone. C'erano anche alberi vicino alla strada che abbiamo realizzato con bastoncini e foglie di mango. C'era persino un ponte fatto da un pezzo di legno.

__Dov'è il fiume? _ chiede Enzo.

__Il legno fa da ponte, ma manca l'acqua. _Ho parlato.

Ho risolto rapidamente questo problema. Corsi al serbatoio e tirai fuori un secchio pieno d'acqua.

Enzo ha scavato un fosso e io ho aiutato. Riempiamo la trincea d'acqua. Quindi mettiamo il legno sopra. Il nostro fiume e il nostro ponte si sono rivelati molto buoni.

I nostri carri andavano avanti e indietro attraverso il ponte. Un pezzo di bastone trasformato in un enorme alligatore. Una pietra divenne una balena e una foglia una zattera mentre galleggiava nell'acqua.

Buon giocattolo. Il nonno guardava da lontano.

Ma il bello di giocare con l'acqua è poterci calpestare. Sono entrato in acqua. Anche Enzo fece un passo.

Sono andato a prendere un altro secchio pieno d'acqua.

Il nostro fiume è salito. Giocare nell'acqua... Ora abbiamo molto fango. È stato molto bello.

Fango... Fango... Fango...

Il nonno ha visto tutto quel fango ed è andato lì.

__Ma che fango. _ dice il nonno.

__È il nostro fiume, nonno. Ha pesce e tutto il resto. _Ho parlato.

__Attento a non cadere nel fiume, nonno. _ disse Enzo.

__Ti insegnerò un modo per non farti prendere dall'alligatore. Devi camuffarti. _disse il nonno_ Spalmarsi i piedi, le gambe e le braccia con il fango. In questo modo l'alligatore non ci vedrà.

E il nonno si è sporcato di fango i piedi, le gambe, le braccia e le mani. Trasformato in un mostro di fango. Ovviamente Enzo ed io abbiamo fatto la stessa cosa. Ci siamo trasformati in tre mostri di fango.

Improvvisamente il telefono squillò a casa. Uno guardò in faccia l'altro. Non potevo entrare in casa in quel modo. Eravamo tutti coperti di fango.

__Vinicio. Vinicio! _ grida il nonno.

__Cosa è successo, nonno? _sentire la voce di Vinicio provenire dall'interno.

__Rispondi al telefono. Guarda chi è. Dice che non posso andarmene da qui adesso. _ avvisa il nonno.

__Bene. _ si sente la voce dall'interno.

Che bel scherzo. Abbiamo attraversato di corsa il giardino, uno cercando di sporcare ancora di più il fango dell'altro. Il nonno correva molto. Non sapevo che il nonno corresse così tanto.

Vinicio è arrivato nel momento sbagliato. Ha una macchia di fango sul braccio. Mi ha guardato. Pensavo che mi avrebbe preso, è scappato.

__Che cos'è? _ chiede Vinicio.

__Chi era al telefono? _chiede il nonno.

__La madre. Ha detto che ritarderà di mezz'ora che la riunione è in ritardo. Ma cos'è questo? _ chiede Vinicio.

__Guerra di fango. _ dissi sporcandolo tutto.

__Julinho sta rovinando tutto. _ disse Vinicio

Il nonno si avvicinò con una faccia molto seria.

__Julinho, hai sporcato così tuo fratello? C'è da sporcarsi così!!!! _ dice il nonno, prendendo in giro ancora di più Vinicius.

__Va bene nonno. Smetterò di sporcare Vinicius. _ dissi sporcandomi di nuovo.

__Non sporcare Vinicius. Non gli piace! _ dice il nonno sporcandosi ancora di più.

Vinicius ci ha guardato dritto in faccia e si è unito al divertimento. Ha raccolto del fango e mi è corso dietro. Poi è corso dietro ad Enzo che era semplicemente irriconoscibile!

Sono stato veloce, schiva. Vinicius ha finito per colpire Pedro che stava arrivando anche lui.

Pedro è stato tutto imbrattato senza capire veramente cosa stesse succedendo. Rimase a guardare i suoi vestiti infangati.

A questo il nonno gli mise in mano una manciata di fango.

__Hai finito le munizioni. Colpisci tuo fratello. _ dice il nonno.

Non aveva bisogno di parlare due volte. Pietro è scappato. Prima mi ha sporcato. Non importa! Era già sporco!

Poi è stato il turno di Matheus di presentarsi e anche di unirsi al divertimento essendo sporco e facendo sporcare un sacco di gente.

Caldo!!!!
Uno che correva dietro l'altro in mezzo al cortile, sporcandosi e prendendo fango da tutte le parti. Una guerra d'inferno!

Lo scherzo era troppo bello. Ma ragazza... Ah! Ragazza!!!!!

__Credo! Dirò tutto alla mamma. _ Parla Amanda comparendo e vedendo lo scherzo.

__Amanda! _ dice il nonno.

__Ah, nonno, fammi giocare anche io. Non dico niente a nessuno. _ Parla Amanda

__ Vieni Amanda. E voi cinque state attenti. Amanda è solo una ragazza. _ avvisa il nonno.

Non ci sono voluti cinque minuti e Amanda era tutta sporca.

Siamo andati a prendere altri cinque secchi d'acqua per altro fango.

Il nonno avvertì subito che poteva solo sporcarsi le gambe, le braccia, i piedi e le mani per non sporcarsi troppo. Divertente, perché eravamo già completamente sporchi... Non c'era più spazio per sporcarsi, no!

Arrivò un altro secchio d'acqua, e un altro, e un altro...

E lo scherzo è stato divertente. Quante risate. C'era scivolamento e tutto il resto.

Finché il nonno non ha chiamato tutti.

__Fermare! Guarda il tuo stato. La mamma arriverà e cosa le dirò? _chiede il nonno.

Uno guardò l'altro e scoppiò a ridere. Il nonno non ha capito niente.

__Vô, sei più sporco di tutti messi insieme. _ parla Pedro.

Solo ora il nonno si rendeva conto che anche lui era tutto sporco. Dalla testa ai piedi. In effetti, eravamo tutti coperti di fango.

__Divertente, non so dove mi sono sporcato così tanto... _Scherzi nonno.

__È molto buono. Mia madre sarà arrabbiata. _avvisa Enzo.

__Nessuna madre si arrabbierà. Nessuna madre saprà cosa è successo qui. _ dice il nonno.

Uno guardò in faccia l'altro.

__Quando arriveranno le due madri saremo tutti puliti e lavati. _Dice Nonno_ Amanda, ti fai la doccia in bagno da quando sei una ragazzina. Non sporcherà nulla all'interno della casa. Gli uomini restano qui con me. Facciamo una doccia.

Accelera!

Accelera!

Accelera!

Accelera!

Accelera!
Accelera!
Accelera!
Accelera!
Accelera!
Accelera!
Accelera!
Accelera!
Accelera!
Accelera!

Dopo poco Amanda era in bagno e noi uomini, solo in mutande, ci facevamo la doccia in mezzo al giardino. È stato davvero buono. Ho prestato un vestito a Enzo. Il nonno ha messo tutti i panni sporchi nella lavatrice.

Mia madre e la madre di Enzo sono praticamente arrivate insieme.

Eravamo tutti ben educati, **seduti sul divano**, sotto la doccia, pettinati, angioletti che guardavano la televisione.

Il nonno ha spiegato che il succo è finito sulla maglietta di Enzo. E ha cambiato i vestiti. Tutti i vestiti erano in fila. Domani porterei tutto a scuola.

Quando la madre di Enzo se ne andò con lui, mia madre ci guardava tutta seria.

__Perché ho la sensazione che sia successo qualcosa qui e non lo so? _ chiede la madre.

__Perché stai immaginando le cose. Cosa potrebbe succedere qui? Abbiamo appena passato un pomeriggio tranquillo con i bambini che giocavano. _ dice il nonno.

__Pomeriggio calmo. E tutti hanno giocato insieme questo pomeriggio. _ dice la madre.

Uno guardò in faccia l'altro. Verità! Ognuno ha lasciato il suo angolo e siamo andati tutti a giocare insieme.

Ne e 'valsa la pena! E quanto ne vale la pena!

__Esattamente. Questo è proprio quello che è successo. _ dice il nonno.

La mamma continua a guardare, poi va nella sua stanza. Il nonno la guardò chiudere la porta della camera da letto. Ci fece l'occhiolino e sorrise.

Ci guardiamo anche in faccia, sorridiamo felici. Il pomeriggio è stato davvero buono.

Le cose sono molto cambiate a scuola.

La maestra Silvia ha spostato tutti gli studenti. Enzo ora siede su una scrivania con lei. L'insegnante gli sta insegnando a leggere. Ci sono momenti in cui sembra molto difficile. Diventa molto nervoso e non può farlo.

L'altro giorno Enzo ha pianto e si è seduto per terra. Stavamo facendo la lezione di libro e stavamo guardando.

__Vai, Enzo! Puoi! _Ho parlato.

__Si, puoi! Sei molto intelligente, Enzo. _ parla Clarice.

Il Professore prende una scatola di carte e si siede accanto a lui. Lui spiegava, pronunciava le sillabe ed Enzo metteva insieme le parole.

Abbiamo guardato tutti, dopotutto, ora siamo una squadra. Stiamo anche lavorando sulle lezioni. E uno si preoccupa molto dell'altro.

Adesso era così, ognuno doveva concentrarsi e fare i compiti perché tutto fosse perfetto. Nessuno poteva perdere la concentrazione e perdersi a chiacchierare. Si conveniva che se qualcuno era distratto o non faceva bene la lezione, con molta attenzione... E mettici molta attenzione a questo! Nessuno esce per svago.

Abbiamo dovuto aspettarci l'un l'altro.

Aiuto solo in caso di aiuto. Nessuno poteva continuare a dire la risposta al collega. Quindi il compagno di classe non avrebbe imparato, non sarebbe stato un bravo studente e l'insegnante aveva tutto il diritto di lamentarsi con i genitori.

Ecco l'avete visto, vero!

Girandosi e muovendosi, il preside passava davanti alla porta dell'aula e guardava tutti mentre facevano i compiti. Ho continuato a guardare molte volte, la professoressa Silvia seduta per terra che insegnava a Enzo. Quando non era il Maestro, era uno studente che aveva già finito la lezione e stava aiutando Enzo.

Sono diventato anche un insegnante e sono andato ad aiutare Enzo.

Ho pensato troppo!

Dona Praga continuava a entrare nel nostro salotto. C'erano momenti in cui apriva la porta e non diceva niente, la guardava come se si stesse prendendo cura di lei e poi se ne andava. Non so cosa le sia mancato nella nostra classe. Scusa se pensavi di trovare qualcosa che non andava.

Abbiamo sempre fatto tutto bene! Mio nonno diceva che diffida solo degli altri, che hanno già fatto molte cose sbagliate nella loro vita. Dire che fai tutto è una cosa, in realtà fare cose buone è completamente diverso!

Giocare nel parco è stato un piacere. Tutti corrono da una parte all'altra. La professoressa Silvia continuava a cercare. Coloro che non rispettavano le regole erano seduti al loro fianco.

__Equilibrio! Oscilla in alto! _ chiede Enzo.

__E' equilibrato, ma non può essere così alto. Ricordate cosa ha detto la professoressa Silvia. _Ho detto.

__Scala media che nessuno può farsi male. _Parla Enzo_ Leco, equilibrio!

__E tieniti forte per non cadere. _disse aiutando Enzo a prendere slancio.

__Sto dondolando! Sicuro! _Dice Enzo molto felice.

__ Al sicuro. Guarda se non cade da lì. _avvertito.

__ Non cadrò. Equilibrio, Leco! _ dice Enzo.

La professoressa Silvia è stata molto gentile. Nessuno ha disobbedito perché le regole erano così facili da seguire. E potremmo correre! Amo correre! Non c'è niente di meglio al mondo che correre tanto a scuola!

La maestra Silvia ha detto che il suo soprannome a scuola era "Cometa" perché correva tanto, tanto. Ha persino battuto i bambini in gara. Penso che batterebbe Enzo se fosse ancora una ragazzina e gareggerebbe con lui. Guarda, Enzo corre molto.

Tempo di partire Ho visto mia madre e la madre di Enzo parlare molto. Mia madre ci ha lasciato a casa e non ha detto niente. È venuto solo per parlare con noi a cena.

__La madre di Enzo l'ha invitata a trascorrere il pomeriggio a casa sua. _ dice la madre.

__Oba! Posso andare, mamma? _ Ho chiesto.

__Dipende, dice la mamma.

__Io posso? Dipende da cosa? _ Ho chiesto.

__L'invito è per tutta la famiglia: Nonno, Vinicius, Pedro, Matheus, Amanda e te. _ dice la madre.

__Andrò! _ parla Vinicio.

__Andrò! _ parla Pedro.

__Andrò! _ dice Matteo.

__Andrò! _ Parla Amanda.

__Andrò! _ dice il nonno.

__Andrò! _Ho parlato.

__Bellissimo. Ragazzi, siete troppo stretti per i miei gusti. _ dice la madre.

__Enzo è un bravo ragazzo, figlia mia. Lascia che i ragazzi si divertano. _ dice il nonno.

__Mercoledì della prossima settimana andrai a casa di Enzo. Giudizio! _ informa la madre.

Festeggiamo tutti. Enzo era davvero un bravo ragazzo. Lo consideravamo già un membro della famiglia.

__Non vedo l'ora che arrivi mercoledì. _ dissi eccitato.

È successo tutto all'improvviso, quel giorno, a scuola, sono andata in bagno a fare pipì e quando sono tornata per pranzo, Enzo non c'era più. Ho visto il suo cestino del pranzo, ma non ho visto lui. Niente da Enzo. Ho guardato intorno al cortile e niente.

__Dov'è Enzo? chiesi ad Artù.

__Non lo so! _ Disse Artù.

__Guarda meglio. _ dice Giovanni.

Giovanni corse in bagno. Enzo non c'era. L'intero tavolo lo sapeva già. Le ragazze sono andate a cercare nel corridoio e niente.

Suonò il campanello e tornammo in soggiorno, preoccupati. Il primo anno A era una squadra e ora ne mancava uno. Non appena il Professore è entrato nella stanza, le abbiamo detto cosa era successo.

__Tutti in circolazione per la scuola. Nessuna confusione e nessuna confusione. Sappiamo cosa è successo e non abbiamo bisogno di rimproverarci. Destra?! _ informa la professoressa Silvia.

Capiamo bene cosa è successo. Non c'era bisogno di sventolare la bandiera o sarebbe arrivata Dona Praga, che avrebbe parlato male di tutti, anche del Professore. Ha anche litigato con Enzo e, per di più, ha chiamato sua madre per prenderlo.

Tutti sono usciti dalla stanza in silenzio, abbiamo cercato in ogni angolo. Stiamo cercando il nostro amico. Niente. È stato difficile da trovare.

__Professore, dov'è Enzo? chiesi preoccupato.

__Troviamolo, Julio. _ dice la professoressa Silvia.

__Ho trovato! _grida Gustavo, arrivando di corsa_ È in cima al muro. Ha detto che volerà.

Io, Gustavo e il Maestro siamo corsi lì.

Enzo era in piedi in cima al muro. Il pericolo maggiore! Volevo correre ad aiutare il mio amico.

__Enzo! Cosa stai facendo? _chiede l'insegnante.

__Vado a volare, professoressa Silvia. _ dice Enzo.

__No, non lo farà. Scendi da lì, facendo attenzione a non cadere. _ avvisa il docente.

__Sou uccello, ho intenzione di volare. _ dice Enzo.

__Penso che non scenderà, professore. _Ho parlato.

__Andiamo lì e togliamo Enzo dal muro. _ dice Gustavo.

__Può essere pericoloso. Potrebbe spaventarsi e cadere. _ avvisa il docente. _Dobbiamo pensare a qualcosa di meglio.

Il mio Maestro stava zitto guardando Enzo.

Non sapevo nemmeno cosa fare. Il mio amico era in cima al muro e poteva farsi male.

Volevo persino correre fuori e andare lì. Ho guardato la professoressa e ho visto che sembrava sorridere. Penso che tu abbia avuto una buona idea.

__Molto bene, signor Enzo Passarinho, ora deve andare in classe. Andiamo. _ dice il professore.

__Enzo Uccellino!!!! _ dice Enzo dall'alto del muro.

__Non hai intenzione di volare. Per prima cosa dovrai frequentare le lezioni per imparare a volare. Quanto ci vorrà per arrivare laggiù? _chiede l'insegnante.

Ho guardato Enzo, ho guardato il Professore. Spero che questo piano funzioni, stavo facendo il tifo.

__Non. _ dice Enzo.

In un minuto Enzo era già a terra. Si staccò rapidamente dal muro e corse verso di noi.

Che sollievo! Quasi sollievo. In quel momento arrivò Dona Praga, furibonda.

__Professoressa Silvia, idiota! Cosa sta facendo il tuo studente sul muro? _ chiede Dona Praga.

La professoressa Silvia guardò la signorina Praga e non disse nulla. Prese la mano di Enzo e tornammo in classe.

In classe sono andato a prendere l'acqua per l'insegnante. Aveva bisogno di riprendersi dallo spavento. Nel corridoio ho bevuto un bicchiere d'acqua e ho trovato Dona Praga che imprecava contro tutti a scuola. L'ho sentita dire molto bene:

__Questa scuola fa schifo. Ognuno fa quello che vuole. Sono qui. Solo io so le cose... OOoo! Gente inutile! _ parlò Dona Praga.

Volevo lanciarle il bicchiere d'acqua in testa. Piccola donna noiosa e arrogante. Ma mi sono ricordato del Maestro e le ho portato l'acqua...

La professoressa Silvia stava conversando molto seriamente con Enzo alla sua scrivania.

__Spiacente, professoressa Silvia. _ dice Enzo.

__Ascolta, signor Enzo Passarinho, non voglio più vederti fare i capricci. Non voglio più vederti in cima al muro. _ dice il professore.

__Vado a volare... _dice Enzo.

__Stavo per cadere dal muro e farmi male. Stavo andando in ospedale. _ dice il professore.

__Ma io voglio volare. _ dice Enzo.

__Non puoi volare. _ dice Maria Chiara.

__I ragazzi non volano. _ dice Giovanni.

__Ma posso volare... _dice Enzo.

__Enzo, stai zitto e non farti trovare pronto. _ dice Sofia.

__Voglio volare. _ dice Enzo.

__Enzo, facciamo un patto. Penserò a qualcosa per farti volare. Mentre penso che mi prometterai di non provare più a volare da solo. Combinato. _ dice il professore.

__Combinato. _ dice Enzo.

__Davvero combinato. Mentre penso che tu non ti prepari più. _ dice il professore.

__Combinato. Parola di Enzo Passarinho. _ dice Enzo.

__Combinato. _ dice Gustavo.

__Ma io volerò. _ dice Enzo.

__Solo quando la professoressa Silvia te lo permette. _ dice Gustavo.

Enzo andò a prendere il suo posto. Sembrava che si fosse pentito di aver scalato il muro. A questo punto porsi il bicchiere d'acqua al Maestro che continuava a guardarlo preoccupato.

__Maestro, non puoi insegnargli a volare. _Ho parlato.

__Pensiamo a qualcosa per Enzo. Quando hai immaginazione, risolvi tutto. Pensiamo a qualcosa insieme... _ dice il Maestro pensieroso.

Finalmente è arrivato il grande giorno. Non potevo più aspettare.

La giornata per trascorrere il pomeriggio a casa di Enzo.

Ma proprio quel giorno la madre di Enzo disse che doveva andare a un convegno. Mio nonno era pronto a prendere tutti e prendersi cura di loro, poiché Enzo, quando lo disse, iniziò a piangere molto.

La madre di Enzo è stata molto gentile, l'idea le è piaciuta. Ha anche detto che la tata sarebbe rimasta con lei, aiutandola e prendendosi cura di lei.

L'ora della fine della scuola era la festa più grande, tutti parlavano allo stesso tempo, siamo andati alla macchina del nonno. Il nonno ci stava già aspettando, siamo entrati. Il nonno lasciò che Vinicius andasse sul sedile anteriore e tutta la banda andò sul sedile posteriore. Noi quattro facciamo un bel pasticcio, parlando senza sosta. Anche mia sorella Amanda si è messa in mezzo ai pasticci e ve lo dico. Ragazza!!!!

Siamo arrivati a casa di Enzo. Una casa grande. Quanto è enorme! La porta del garage si aprì e il nonno mise dentro la macchina. Un tipo alto ci è venuto incontro.

__Ciao, devi essere il signor Júlio, con il gruppo che verrà a passare il pomeriggio qui, con Enzo', disse il ragazzo.

__Ho organizzato tutto con la madre di Enzo. Ha detto che la tata ci avrebbe aiutato. _ dice il nonno.

__Sono la babysitter. Mi chiamo Pericle. _ parla Pericle.

__Baby-sitter! La tata è una donna. _Ho parlato.

Tutti fissarono. Tutti pensavano che la tata fosse una donna, persino il nonno.

__Perché sono la babysitter. _Fala Péricles_ In realtà, sono un'insegnante di educazione fisica. Sono stato assunto dalla mamma di Enzo e ci troviamo molto bene. Le tate non riuscivano a tenere il passo con l'energia di Enzo. Ha molta energia, giochiamo tutto il pomeriggio.

__Già capito. Questa non è la tata di Enzo. È la babysitter di Enzo. _interpreta il nonno.

__Fresco. Ho una tata. _ dice Enzo che gli piace

__ Là. Mi è piaciuto! Mi sembrava un po' strano essere chiamata tata. Sono una babysitter ora. _ Parla Babão d'accordo.

Tutti hanno applaudito in accordo con l'idea.

Ho una tata!

Ho una tata!

Ho una tata!

Ho una tata!
Ho una tata!
Ho una tata!

__Wow, c'è una piscina qui. _ dice Amanda guardando tutto.

__Ti mostrerò tutto. La casa è grande. _ dice Enzo.

__Se è grande, rimarremo tutto il pomeriggio solo per conoscere la casa. Non è divertente. _ dice il nonno.

__È davvero bello suonare molto. _ Parla Babà.

__A poco a poco impariamo a conoscere il posto. Siamo venuti qui per giocare. _ dice il nonno.

__Facciamo quanto segue, iniziamo con la piscina. Tutti sanno nuotare? _ chiede Baba.

Tutti annuirono.

__Abbiamo giocato in piscina. Poi facciamo uno spuntino e andiamo nella stanza dei giochi. _fala Babão_ Lungo la strada impariamo a conoscere tutto.

__È la mensa! _ dice Enzo.

__Andiamo in mensa a stomaco pieno visto che non possiamo tornare in piscina così. L'ultima a cadere in acqua è la donna geco. _ avvisa Babo.

Che piacere cadere in piscina.

Enzo sa nuotare molto bene. Anche il nonno e Babão erano in acqua. Rimasero in un angolo a parlare. Ci stavamo divertendo.

Ha fatto degli scherzi davvero fantastici. Ad un certo punto abbiamo corso per vedere chi sarebbe arrivato primo da una parte all'altra. Un'altra ora, ci stavamo tuffando. C'è stata un'ora in cui siamo andati a galleggiare. Giocare in acqua era troppo bello.

Abbiamo saltato, ci siamo tuffati le mani nell'acqua, abbiamo corso e saltato, e saltato ancora, e ci siamo tuffati, e abbiamo giocato, e abbiamo riso. Quante risate. Bella risata, bella risata. Nuotiamo, nuotiamo di nuovo, nuotiamo di nuovo!

Merenda! Wow, così tanto da mangiare, c'era un'enorme torta al cioccolato.

Penso di aver mangiato circa sette fette era così delizioso. C'erano bibite, c'erano caramelle che non finivano mai. Tutti abbiamo lasciato il tavolo con la pancia piena che non potevamo nemmeno camminare.

__Molto bene, golosi. È ora di guardare la televisione perché non puoi giocare a stomaco pieno così. _ avvisa il nonno.

__E la battuta? _ chiede Enzo.

__Daqui mezz'ora torniamo. Pausa di riposo. _ avvisa il nonno.

__Ma non sono stanco. _ dice Enzo.

__Ma il tuo stomaco è pieno. _ dice il nonno.

__Ma puoi giocare a stomaco pieno. _ dice Enzo.

__Sai, sto per confessare, Enzo. Sono già vecchio, ho bisogno di riposarmi un po'. _ dice il nonno.

__Ho capito. Va tutto bene. Pausa perché il nonno si riprenda. _ dice Enzo.

__Eccellente. Tutti guardano la televisione. _ dice il nonno.

Siamo andati a guardare la televisione nella mensa. E che stanza! Era enorme! Le dimensioni del parco giochi della mia scuola. C'erano molti giocattoli lì.

Ci siamo sistemati sul divano, guardando sempre tutto e con la voglia di giocare con tutti quei giocattoli. Ma prima dobbiamo rispettare l'ordine di guardare la televisione. Gli occhi non si fermarono, saettarono da una parte all'altra.

__Enzo ha chiesto qui una vasca di fango. Ti ha detto tutto quello che ha fatto a casa tua. _ Parla Babà.

__Sua madre deve aver pensato che fossi pazzo. _ dice il nonno.

__Che cosa niente! È difficile trovare persone che trattino Enzo come qualsiasi altro amico. _ Parla Babà.

__Ma era proprio quello che mancava. Enzo è come ogni altro bambino. La prossima volta che viene a casa mia, verrai anche tu, Babão. Giochiamo insieme. _ dice il nonno.

__È d'accordo! _ Parla Babà.

__Enzo è un bravo ragazzo. _ dice il nonno.

__ Lui mi piace molto. Sono felice in questo lavoro. _ Parla Babà.

__Abbiamo fatto molto insieme. _ dice Enzo.

__Solo un po. Gioco da ragazzi. _ Parla Babà.

__Leco e Babão sono i miei migliori amici. _ dice Enzo.

__E il resto non conta. Non sono tuo amico? _chiede il nonno.

__Penso che sia stato brutto, Enzo! Ci sono più persone che sono tuoi amici qui. _ Parla Babà.

Enzo guardava bene a tutti. Baba aveva ragione. I migliori amici di Enzo stavano crescendo.

__Spiacente. Ho fatto un casino. Leco, Babão, Vô, Amanda, Vinicius, Pedro, Matheus sono miei amici. Mi piace davvero tutto di voi. _ dice Enzo.

__Che meraviglia! Facciamo un abbraccio di gruppo. _ dice il nonno.

__ Continuo a cercare. Non mi piacciono gli abbracci. _ dice Enzo.

__Va bene. _dice Nonno_ Rispettiamo la volontà di Enzo.

Ci abbracciamo molto. Un grande abbraccio di gruppo. Enzo

non era tipo da abbracci. Continuò a cercare, sembrava che si stesse godendo il casino, ma non osò avvicinarsi all'abbraccio.

__Puoi almeno toccarti il mignolo. _Dice Nonno nel bel mezzo dell'abbraccio, porgendo il mignolo ad Enzo_ Facciamo un abbraccio con il mignolo?

__Cos'è un abbraccio con le dita? _ chiede Enzo.

__È un abbraccio di gruppo dove solo i mignoli si toccano. Quindi... Lascia che te lo mostri, Enzo. _ dice il nonno.

Il nonno ha messo il mignolo sul mio, poi su quello di Amanda; poi Vinicio; poi Pietro; poi Matheus e poi Babão.

Enzo si limitò a fissarlo. Prima ha fatto due passi indietro, penso che lo trovasse un po' strano. Ma poi sorrise. Penso che mi stavo godendo quell'abbraccio con il mignolo.

__Penso di si... _dice Enzo.

Enzo mise il mignolo sul mignolo del nonno. Finalmente l'abbraccio di gruppo è stato completato. C'era anche Enzo. A modo tuo, ma lo era. Rispettiamo Enzo. Forse un giorno non osa ed entra in questo abbraccio.

Abbiamo lasciato la casa di Enzo di notte. È stata una giornata molto buona.

Maledetta lezione di matematica. Ho incasinato tutto. Non ho capito niente di tabelle. Chi ha inventato questa **DAMN DAMN** tavola pitagorica che non serve a nulla, solo per confondermi la testa.

Accidenti. Accidenti! Dannazioneaaaaaaaaaaaaaaaaaaaa aaaaa!!!!!

Ieri la professoressa Silvia ha spiegato le tabelline, molti amici hanno azzeccato tutto. Ho fatto un casino. Ho guardato e non ho capito. Mi vergognavo a dire che non avevo capito niente. Il dazio è stato depositato. L'ho guardato, greco!

non ho capito! Ho messo qualsiasi numero per parlare che ho fatto.

Ora la lezione inizia con la matematica. È tavolo!!

L'insegnante stava girando per la classe lavorando alle attività. L'ha già spiegato più volte, ma non riesco a capire.

Ho pianto!

Ho pianto, non so cosa fare! Voglio scomparire da questo mondo!

__Maestro, lascia che Leco insegni le tabelline. _ dice Enzo alzando la mano.

Anche Enzo ha fatto bene tutte le attività e io non so come fare.

__Vai, Enzo! Insegna tabelle per Leco. _ dice la maestra mentre aiuta un altro bambino.

Enzo è andato alla mia scrivania e ha iniziato a spiegare. Mi disse di aprire tre mignoli in una mano e due mignoli nell'altra. Avrebbe insegnato la tabellina del 3.

Ho aperto.

Enzo insegnava. Stavo prestando attenzione. Ma continuo a non capire niente. Ho capito male tutto quello che Enzo ha detto.

Ho iniziato a piangere ancora di più. Mi vergognavo persino che tutti i miei amici lo sapessero già.

Enzo mi teneva entrambe le mani, molto strette. Mi guardò dritto negli occhi e disse ad alta voce:

__Io credo in te, Leco! Credo!

Smisi di piangere e guardai Enzo.

Penso che a questo punto l'intera classe si sia fermata e sia rimasta in silenzio. Non ho visto né sentito nessun altro.

Enzo era davanti a me e con la mano mi aprì i mignoli e disse:

__In questa mano ci sono tre dita aperte, la tabellina del tre. D'altra parte c'è un mignolo aperto. Un mignolo conterà i tre mignoli: uno, due, tre! Tre volte uno: tre! Ora apri due mignoli. Due mignoli contiamo i tre mignoli: uno, due, tre, quattro, cinque, sei! Tre volte due: sei! Ora ci sono tre dita aperte che conteranno le tre dita dell'altra mano: una, due, tre, quattro, cinque, sei, sette, otto, nove. Tre volte tre: nove! Ora sei tu. Apri quattro mignoli e conta.

Guardai Enzo con attenzione. Ho fatto quello che ha detto. Ho aperto quattro mignoli e nell'altra mano avevo ancora tre mignoli aperti. Contai lentamente e arrivai a dodici. Tre volte quattro dodici.

ho spalancato gli occhi!!!
Funzionava!!!

Ho aperto cinque mignoli e ho contato con tre sull'altra mano. Alla fine era tre volte cinque e quindici! Ho raggiunto! Ho capito!

Ho sorriso felice, i miei occhi brillavano persino. Enzo, il mio migliore amico, insegnava in modo molto semplice!!

Ho guardato il professore. Stava per gridarle che aveva capito.

Fu solo a questo punto che mi resi conto che l'intera classe stava raccontando la storia di Enzo. Questa volta Enzo era il maestro e insegnava le tabelline a tutti. Anche la mia maestra Silvia apriva le dita e contava su di me.

__Capito!!!!! _Ho parlato ad alta voce felice della vita.

Enzo era davvero un genio.

__Ti credo! Credo! _ dice Enzo sorridendo.

Oggi è stata una brutta giornata.

Enzo è andato fuori di testa in classe. Arrivò tutto agitato, tutto irritato. Le attività sono iniziate e lui non ha fatto nulla. Il Professore gli sedeva accanto come tutti i giorni, ma non voleva fare niente.

Enzo stava tutto il tempo in piedi a camminare avanti e indietro vicino alla lavagna.

La professoressa Silvia ha provato a parlargli. Ho provato a parlargli. Altri amici hanno cercato di parlargli...

Niente.

Il Maestro andò al centro dell'aula, ma anche così nessuno poteva prestare attenzione.

Il libro era aperto, ma non so nemmeno quale risposta ho messo. Era impossibile concentrarsi vedendo il mio amico, Enzo Passarinho, in tutto quel trambusto.

Niente è andato bene quel giorno. Il Maestro non ebbe altra scelta che chiamare la madre di Enzo perché venisse a prenderlo. Quando è arrivata, stava parlando con la mia insegnante e la signora Praga sulla porta. Poi ha portato via Enzo.

Il professore entrò nella stanza e chiuse la porta. Era giunto il momento di parlare seriamente.

__Queste cose possono succedere e possono succedere ancora. _Parla la professoressa Silvia_ Enzo prende una medicina per aiutarlo a concentrarsi durante le lezioni... Il dottore ha cambiato la medicina e ora Enzo si sta adattando alla nuova medicina. I corpi delle persone richiedono tempo per adattarsi a una nuova medicina. Ma presto tutto tornerà alla normalità...

__Quando? _ chiese Guglielmo.

__Quando non lo so. Ma so che tutto tornerà alla normalità. _ dice la professoressa Silvia.

__ Nosso Enzo giocherà di nuovo allegramente? _ chiede

Clarice.

__Sta andando sì. Ma prepariamoci. Accadranno momenti come questi. Conto sull'aiuto di tutti voi. _ avvisa il docente.

La mia insegnante Silvia è davvero la migliore insegnante del mondo. Ha detto che non dobbiamo preoccuparci. Che tutti nella vita hanno preso o prenderanno medicine. Quale medicina richiede tempo per fare effetto.

Tutto bene! Capiamo tutto direttamente! Portiamo pazienza e aiutiamo il nostro amico Enzo in questa fase di cambiamento della medicina.

E con la giornata è stato molto difficile, rilassarci un po', siamo andati tutti al parco.

La fase della medicina è passata, dopo un paio di settimane le cose sono tornate alla normalità.

La nostra lezione di oggi è stata davvero fantastica. L'insegnante ha parlato di professione. Ha spiegato che quando tutti diventeranno adulti, sceglieranno la loro professione. Poi ha chiesto a ogni studente cosa voleva essere.

C'erano studenti che dicevano dottore, dentista, calciatore, insegnante, attrice, infermiera, pompiere, poliziotto, dottore e tante cose...

__Enzo, e tu? Cosa vorrai essere? _chiede l'insegnante.

__Nonna. _ dice Enzo.

__Nonna? Che nonno? _chiede l'insegnante.

__Voglio essere nonno, proprio come il nonno di Leco. _ dice Enzo.

__Nonno, non è una professione. Sto parlando di un lavoro. _

dice il professore.

__Hummmm... non lo so! _ dice Enzo pensieroso.

__Pensaci un po' di più. Poi parli. _ dice il professore.

Enzo pensò.

Il Maestro continuò a chiedere agli altri bambini quale professione volessero.

Mi accovacciai e rimasi a parlare con Enzo. Penso che potremmo essere partner in questa professione. Stavamo sussurrando molto piano in modo che nessuno potesse sentire.

Quando ebbe finito, il professore tornò da Enzo. Ora io e Enzo dovevamo solo scegliere la nostra professione.

__Maestro, diventiamo soci. Lavoriamo entrambi insieme. _Ho parlato.

__Molto bene, e qual è la professione dei soci? _chiede l'insegnante.

__ Baba! _ dice Enzo.

__ Baba! Che babbuino? _chiede l'insegnante.

La classe è scoppiata a ridere, nessuno sapeva cosa fosse Babão, solo io ed Enzo.

__Penso che non capissero di professione, professore. _ parla Clarice.

__Ragazzi, una professione ha a che fare con il lavoro dei grandi. _ parlò Giovanni.

Abbiamo spiegato la storia di Pericle, di Babão, e tutti hanno capito. Anche all'insegnante piaceva la nostra professione. C'erano anche persone che cambiavano mestiere per diventare Babão. Penso che la nostra attività Babão sarà molto redditizia.

Oggi sono tornata a casa piangendo, non avevo nemmeno voglia di pranzare. Anche i miei fratelli hanno pianto, anche Vinicio che è grosso.

Mio nonno era al telefono cercando di contattare la madre di Enzo o Babão.

Enzo ha lasciato la scuola in ambulanza. Penso che sia morto.

Il mio amico Enzo è morto!

È MORTO!!!!
È MORTO!!!!
È MORTO!!!!
È MORTO!!!!
È MORTO!!!!
È MORTO!!!!
È MORTO!!!!
È MORTO!!!!
È MORTO!!!!
È MORTO!!!!
È MORTO!!!!
È MORTO!!!!
È MORTO!!!!
È MORTO!!!!

L'insegnante, oggi, era assente ed è venuto un supplente.

Il supplente non è figo come la professoressa Silvia. È arrivata tutta noiosa, ha fatto tutto diverso dalla nostra insegnante. Enzo stava parlando all'inizio della lezione e lei si è molto arrabbiata.

Il supplente passò alla lavagna un mucchio di copie.

Continuavo a copiare, mi faceva male il dito!

Ogni tanto un bambino chiedeva di andare in bagno. C'erano persone in piedi, che parlavano, con i loro amici. La lezione era troppo noiosa. Nella classe della professoressa Silvia nessuno fa casini. Siamo tutti educati.

Quando ho guardato non ho visto Enzo sulla sua sedia.

__Professore, dov'è Enzo? _ Ho chiesto.

__ È andato in bagno. _ dice l'insegnante.

Sono tornato a chattare. Classe noiosa meglio chattare con gli amici.

Stavamo chiacchierando e la maestra ha distribuito molti fogli per disegnare.

Strano, ha tenuto il cellulare acceso... La mia insegnante non usa il cellulare in classe.

Ho guardato e non ho visto Enzo.

__Professore, dov'è Enzo? _ chiesi di nuovo.

__Prenditi cura della tua vita. Lascia gli altri. So dov'è. _ dice l'insegnante.

Ho pensato che fosse meglio non chiedere altro. Finirei per essere rimproverato.

Ho finito per dimenticare un po'. Sono andato a parlare con João e Arthur. Stavamo giocando e disegnando sulla scrivania.

Un movimento nella sala attirò l'attenzione. Molte persone parlano a voce alta, spostandosi da una parte all'altra. Un casino infernale.

Dona Praga parlò ad alta voce. Ero molto arrabbiato, molto irritato.

Stavo per chiedere di andare in bagno solo per sbirciare e vedere cosa stava succedendo. Ma quando ho visto Dona Praga passare più volte davanti alla porta della mia classe, parlando a voce molto alta e super irritata, ho pensato bene di starmene zitta nel mio angolo, per non farmi rimproverare anche io.

So solo che abbiamo sentito la sirena dell'ambulanza ei dottori si sono precipitati nella scuola.

Dona Praga era furiosa, ha litigato con tutta la scuola...

Enzo è stato portato fuori in barella, era privo di sensi, aveva un braccio ferito, tutto coperto di sangue.

È stato orribile!!!

Non potevo credere di vedere il mio amico in quello stato. Ho iniziato a piangere. Anche diverse persone della mia classe hanno pianto.

La signorina Praga apparve sulla porta e chiamò il supplente. Se n'è andata e ha impiegato molto tempo per tornare. Siamo rimasti nella stanza, alcune persone piangevano, altre parlavano. Nessuno sapeva cosa fosse successo a Enzo.

Sono arrivato a casa nella più grande agonia. I miei fratelli lo sapevano già. Hanno anche visto l'ambulanza a scuola. In effetti, l'intera scuola lo sapeva già.

Il nonno ha impiegato molto tempo per ottenere la connessione. E poi tanto tempo a parlare al telefono.

I miei fratelli ed io eravamo seduti per terra nel corridoio, l'agonia era grande. Le mani tremavano, era una sensazione orribile.

Riuscivo solo a pensare al mio amico...

Il nonno ha riattaccato il telefono ed è venuto a parlare con noi.

__Enzo sta bene. Resterà sotto osservazione in ospedale fino a domani e poi tornerà a casa. È stato un grande spavento. _ dice il nonno.

__Cosa è successo, nonno? _ chiede Vinicio.

__Enzo ha scalato il muro. Ha detto che stavo per volare. _dice il nonno_ Si è arrampicato sul muro ed è caduto. Si è sbucciato tutto il braccio, da qui il sangue. Ha battuto la testa, era privo di sensi quando ha lasciato la scuola.

__Ha scalato di nuovo il muro. _Ho parlato.

__Enzo non riesce a togliersi dalla testa l'idea di volare. _ dice il nonno.

__Enzo Passarinho vuole solo volare, nonno. L'insegnante gli ha già detto che non dovrebbe arrampicarsi sul muro. _Ho parlato.

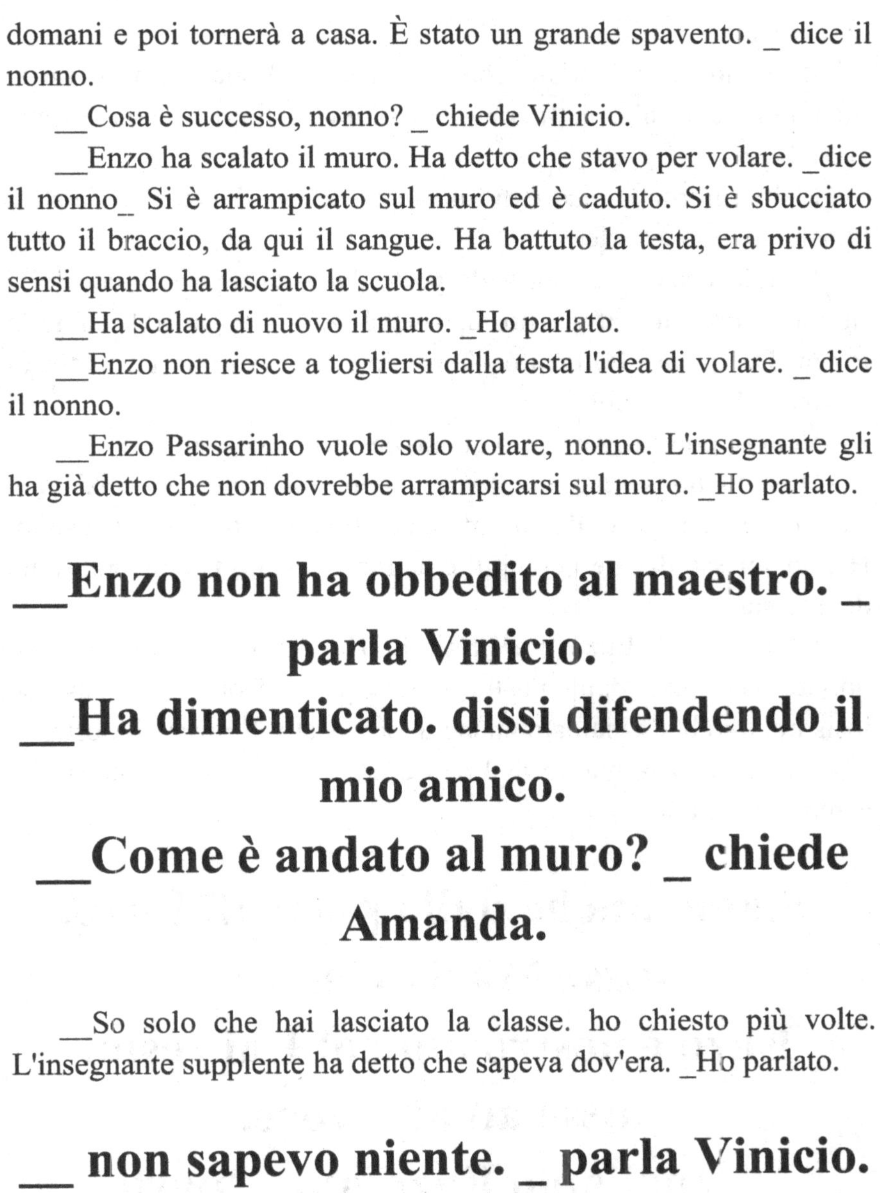

__Enzo non ha obbedito al maestro. _ parla Vinicio.

__Ha dimenticato. dissi difendendo il mio amico.

__Come è andato al muro? _ chiede Amanda.

__So solo che hai lasciato la classe. ho chiesto più volte. L'insegnante supplente ha detto che sapeva dov'era. _Ho parlato.

__ non sapevo niente. _ parla Vinicio.

Sapevo già che Enzo stava bene. Ma è dovuto restare a casa in osservazione.

Il nonno aveva parlato con sua madre e Babão. L'ho detto ai miei amici a scuola. Tutti erano più sollevati. Il nostro amico Enzo stava bene.

L'altro giorno la madre di Enzo era a scuola. Penso che sia stata la battaglia più grande.

La mia insegnante era sulla porta dell'aula a parlare con lei e finora sembrava tutto a posto, finché non è apparsa la signora Praga. Da quanto ho capito, Dona Praga voleva che la madre di Enzo cambiasse scuola.

Vedi se puoi! Era proprio quello che mi mancava!

Quando ho sentito questo mi sono indignato, ho iniziato a sussurrare ai miei colleghi. In pochi secondi, tutti lo sapevano. Hanno smesso di fare i compiti e hanno ascoltato la conversazione del regista.

La madre di Enzo era litigiosa. Ha detto che non avrebbe portato via Enzo dalla nostra scuola. E se Dona Praga avesse insistito, avrebbe chiamato anche un avvocato. Il nostro Maestro si è schierato con la madre di Enzo e ha detto che non voleva che cambiasse scuola.

__Siamo anche dalla parte di Enzo. _ disse Maria Chiara.
__Enzo è nostro amico! Lui resta! _ disse ad alta voce.
__Vogliamo Enzo qui. _ parlò Clarice.

Solo in quel momento il regista si rese conto che eravamo tutti nel bel mezzo della conversazione. Se n'è andata molto irritata.

Dona Praga era una peste!

__Puoi tornare alla lezione. Devo parlare un po' con la madre di Enzo. _ avvisa il docente.

Siamo tornati a concentrarci sulla lezione. Ma le nostre orecchie erano aperte. Ho sentito la mia Maestra dire chiaramente che era molto preoccupata per l'idea di volare di Enzo. Che stava pensando e cercando di trovare una soluzione nel caso lui volesse volare.

__Anche io sono preoccupato per questa idea, professoressa Silvia. _ dice la mamma di Enzo.

__Dobbiamo trovare una soluzione al fatto. _ha detto la professoressa Silvia.

Quei giorni erano molto tristi senza il nostro amico Enzo in camera. Eravamo già una squadra. Ogni membro del gruppo si aiutava e si prendeva cura dell'altro.

A peggiorare ulteriormente la situazione, penso che il preside fosse arrabbiato con il professore per aver preso le parti della madre di Enzo. È entrato, un'ora nella stanza, come un uragano. Il professore era accanto alla scrivania di Clarice. Lei è andata lì. Ha dato un mucchio di carta al professore.

__Rifallo da capo! È tutto sbagliato! Sei un asino! Non sa scrivere! _ dice Dona Praga.

Il direttore ha lasciato la stanza irritato.

Il mio Maestro non ha detto niente. Guardò quei fogli e poi li mise sul tavolo.

Ho visto che il mio Maestro era triste.

È tutta colpa di Dona Praga. Persone così, che si credono migliori degli altri, che si credono i migliori al mondo, dovrebbero scomparire. So che lo fa con il mio Maestro e con tutti gli insegnanti della scuola. Vite che inventano confusione.

Mio nonno diceva che ha un nome... Com'è?... **È così: fuori è una bella viola, dentro è pane ammuffito. Nemmeno un animale si avvicina. Cruz-credo!!!**

Il mio insegnante è il migliore del mondo!!!

Chi vede non la conosce. Pensa di essere solo una persona molto tranquilla che non sa niente.

Il mio insegnante sa tutto!

Quando chiude la porta allora? Poi la classe diventa magica... Lei sa tutto!

Lei racconta tutto. Parla in modo affascinante. Non puoi non imparare in classe. Attira l'attenzione, dice a tutti di guardarla.

Il mio insegnante sa insegnare come nessun altro. Conosce tutte le materie. Sa parlare di tutto.

L'altro giorno ho visto Vinicius che studiava sugli atomi e in classe ho iniziato a parlare di queste cose, mi è sembrato fantastico... Il mio insegnante ha continuato l'argomento e ha detto molte altre cose che nemmeno io sapevo. Era la classe migliore del mondo. Tutti iniziarono a chiedere, parlare e fare domande e il Maestro sapeva come rispondere a tutte le domande.

E poi c'era quell'altra lezione di scienze. La madre di Michele è andata in ospedale e ha avuto due gemelli. In classe tutti stavano commentando quando è arrivato il Maestro. Le abbiamo raccontato cosa era successo e presto si è unita alla conversazione.

Ha raccontato tutto sui bambini piccoli. Dal suo sviluppo nel ventre materno, come nascono i gemelli, cosa succede nel ventre materno...

Sapevo già che non erano le cicogne a portare i bambini e ho imparato ancora di più.

Finalmente Enzo è tornato!

È stato davvero bello avere il mio amico intorno. Stava bene. La protuberanza sulla testa era sparita e il braccio non le faceva più così male.

Mentre stavamo facendo i compiti, il Maestro ha avuto una conversazione molto seria con Enzo. Si è scusato e ha detto che non avrebbe più scalato il muro.

Il professore ha detto che era molto arrabbiata, che non gli avrebbe più parlato se avesse scalato di nuovo il muro. Che avrebbe afferrato la borsa e se ne sarebbe andata per sempre se fosse successo di nuovo. Ha anche detto che non lo sapeva ancora, ma stava pensando a un modo per far volare Enzo. Ho dovuto pensare molto, perché non è stato per niente facile.

Enzo ha capito tutto bene. Ha promesso che non si sarebbe più preparato e non sarebbe più caduto dal muro. Spero che tu non lo capisca nemmeno.

Ti piace la musica?

Sai che mi piaceva, ora mi piace ancora di più, perché la

professoressa Silvia ci ha insegnato un sacco di canzoni.

Ogni giorno dopo il ritorno dalla ricreazione, cantavamo allegramente. È molto bello cantare ad alta voce, rilassarsi, alleviare lo stress.

Cantare fa bene all'anima!

La maestra Silvia ha raccontato che quando studiava al primo anno, nella sua scuola, le piaceva molto cantare la canzone: Happy Child. Ci piace anche cantare questa canzone. Sembra quasi magico, sembra incantare le persone. Una volta che iniziamo a cantare non vogliamo smettere...

Insegnerò! E così...

"Criança Feliz
Feliz a cantar
Alegre a embalar
Teu sonho infantil
Oh meu Bom Jesus
Que a todos conduz
Olhai as crianças do nosso Brasil!

Crianças com alegria
Qual um bando de andorinhas
Viram Jesus que dizia:
Vinde a mim as criancinhas
Hoje dos céus, num aceno
Os anjos dizem:"Amém",
Porque Jesus, Nazareno,
Foi criancinha também"

Francisco Alves e René Bittencourt

Non potevo più aspettare venerdì, finalmente è arrivato!

Da lunedì la professoressa Silvia ha acconsentito che saremmo andati al parco, questo venerdì e tutti avrebbero mangiato le more! Non potevo sopportare di aspettare ancora.

Mercoledì, la madre di Guilherme ha inviato a ogni studente un sacchetto con bicchieri usa e getta in cui mettere le more. Il piede è carico! È stagione!

Mi sono persino preoccupato quando un giorno, uscendo, ho visto un sacco di bambini mangiare more. Ho parlato l'altro giorno con la professoressa Silvia. Ma ha detto che il gelso è così pieno che ha bacche per tutti e anche di più.

La mia insegnante Silvia è davvero in gamba. Sa tutto!

Il grande giorno è finalmente arrivato!!

L'insegnante ha distribuito una tazza a ogni studente. Disse che ciascuno avrebbe dovuto prendersi cura del proprio bicchiere e non rovinarlo. Abbiamo anche convenuto che dobbiamo stare attenti ai nostri vestiti, perché le more macchiano i vestiti e il Maestro non voleva che una madre si lamentasse dopo.

Siamo scesi tutti al parco. C'era un'altra stanza che giocava a calcio. Ma in questo giorno nessuno era interessato a giocare con una palla o altro.

Siamo andati tutti al gelso.

I nostri! Era davvero carico! Non aveva nemmeno bisogno di salire per raccogliere le more dai rami più bassi. Nessuno potrebbe danneggiare l'albero...

Il Maestro ha aiutato ad abbassare alcuni rami in modo che tutti potessero riempire il loro calice.

Enzo è stato veloce. Riempì la

coppetta e mangiò molte more. Quando l'ho guardato, la sua bocca era viola. Molto bello!

Alcuni ragazzi si arrampicavano sui rami più bassi per raccogliere le more.

L'insegnante ha detto di stare attento. Nessuno è ferito.

Era delizioso mangiare i mirtilli. Andammo al rubinetto, lì vicino, e il Maestro insegnò a tutti a lavare le more.

Anche la mia maestra aveva la tazzina piena di more. Abbiamo mangiato molto.

__Che delizia! _ dice Enzo.

__Amora è dolce. Mi piace molto! _ dice il professore.

__Mangerò tutto. _ dice Enzo.

__Possiamo averne di più, professoressa Silvia? chiese Maria Chiara.

__Mangia lentamente e assaggia le more. Poi abbiamo pensato di ottenere di più. _ dice il professore.

__ Mi piacciono le more. Mia madre fa la marmellata. _ dice Giovanni.

__Mia madre fa il succo. Sbattere tutto nel frullatore. _ dice Arturo.

Ma Angélica si è messa a piangere perché la sua coppa si è rotta ed è rimasta senza.

__Ora i miei vestiti si sporcheranno e mia madre si arrabbierà. _ parla Angelica.

__No, non lo farà. _ disse Clarice.

La mia insegnante ha fatto un trucco magico e le sono apparse in mano due

tazze. Fantastico! Il mio insegnante sa persino come fare magie.

Ci siamo tutti seduti sull'erba e abbiamo mangiato davvero! Che piacere raccogliere le more con gli amici! Voglio più venerdì come questo.

__Sai, quando ho iniziato a lavorare in questa scuola, il gelso era molto piccolo. _ dice la professoressa Silvia.

__È passato un po 'di tempo? _chiede Giovanni.

__Un po'... _dice il Maestro.

__João, non si chiede l'età di una donna. _interpreta Maria Clara.

__Non ho chiesto. _ dice Giovanni.

__Amoreira cresce velocemente. Questo è quello che è successo. _Ho parlato.

__Come la pianta di fagioli. _ dice Enzo.

Era quasi ora di partire, avevamo già copiato i compiti e la professoressa Silvia stava aiutando Enzo a sistemare lo zaino.

Improvvisamente, un altro insegnante è venuto alla nostra porta.

Professoressa Silvia, Dona Praga ha cambiato uscita, usciamo dal cancello laterale. _ dillo all'altro insegnante.

__Ma ora è cambiato? _ chiedi al mio insegnante.

__Ho appena inviato un messaggio al gruppo. _dice la maestra_ voglio vedere cosa succede...

__Avrebbe potuto dirtelo prima. Sarà fonte di confusione. _ dillo al mio insegnante.

__Questo è qualcosa per le persone che non hanno niente da

fare. _ dice l'altro insegnante.

__Mi piace tutto ben organizzato. _ parla il mio maestro.

L'altro insegnante se ne andò e il mio Maestro sembrò un po' preoccupato.

__Tutti seduti! Fai attenzione, è importante. _ avvisa il docente.

Tutti si sono seduti, avevamo già gli zaini in spalla, pronti per partire.

__Cambieremo l'uscita, partiremo oggi attraverso un altro cancello. _ avvisa il docente.

__Ma mia madre non lo sa... _dice João.

__Nemmeno il mio. _ dice Gustavo.

__E se mi perdo. _ dice Guglielmo.

__Penso che lo sappiano già. Non preoccuparti. Tutto andrà bene. Stammi vicino. _ avvisa il docente. _ Formare una coda.

Formiamo la nostra coda in ordine di grandezza. Il Maestro era in prima fila tenendo per mano Enzo. Abbiamo camminato come ogni giorno verso l'uscita, questa volta verso un'altra uscita.

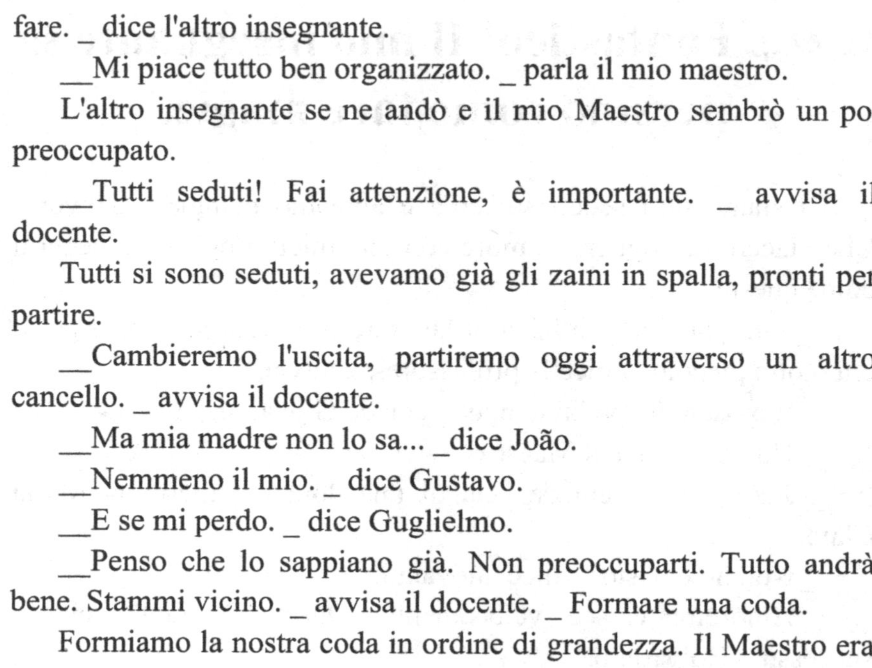

Devo confessare che anch'io ero preoccupato. Tutto era molto incasinato. Pazzo... Gente persa in mezzo alla strada, che non trova la coda o l'insegnante. Bambino che piange...

Quando ci siamo avvicinati, potevamo già vedere il tumulto. Molta confusione, gente da una parte all'altra. Non vedevo mia madre, ero preoccupato...

La Maestra ha portato la nostra fila in un angolo vicino al

cancello, stava guardando tutto e ha notato tutta la confusione.

__Stammi vicino. Quando vedi la madre o il padre, faglielo sapere. Nessuno se ne va senza salutare o sarò molto preoccupato. _ avvisa il docente.

__Torniamo indietro e facciamo l'altra uscita. Era più organizzato. _ parla Clarice.

__Lo voglio anch'io. _ dice Sofia.

__Ho paura. _ dice Enzo.

__Dobbiamo obbedire agli ordini del direttore. _ dice il professore.

__Ma perché ha cambiato la nostra uscita? _chiede Giovanni.

Il tumulto era troppo grande. Molti genitori si lamentavano senza sosta, tutti erano arrabbiati con la direttrice che aveva cambiato l'intero output, sembra che nessuno si stesse divertendo.

Nemmeno io mi stavo divertendo. È stato un casino infernale. Non ho potuto vedere mia madre. Anche i miei fratelli delle altre classi non potevano vederlo. Possibile che mia madre fosse già partita e mi avesse lasciato a scuola? Ero molto preoccupato... Come avrei fatto a dormire a scuola senza mia madre?

Enzo iniziò a piangere mettendosi le mani sulle orecchie. Il mio amico Enzo non ama molto il rumore.

Inoltre non gli piacciono molte persone e il tumulto.

La mia maestra Silvia è andata ad abbracciare Enzo e calmarlo.

All'improvviso, ho visto Gustavo scappare, non ha salutato il Professore come concordato, sono corso a dirglielo.

__Maestra, Gustavo è scappato. _Ho parlato.

Il professore guardò rapidamente. Gustavo era ancora al cancello.

Lei uscì dietro di lui tenendo la mano di Enzo. Eravamo tutti in fila ad aspettare.

Non c'era tempo perché il Professore raggiungesse Gustavo. Suo padre era già dall'altra parte della strada ed è scappato.

Stava arrivando una macchina e quasi mancò Gustavo.

Il mio Maestro si fermò bianco per lo spavento. C'erano persone nella mia coda che hanno persino urlato. È stata una chiamata ravvicinata. Per fortuna il nonno prese sottobraccio Gustavo e lo portò dalla maestra che era al cancello con Enzo.

__Gustavo! _esclama spaventato il professore bianco.

__ Che casino, professore. Dove hai visto l'uscita cambiare così da un'ora all'altra? _ dice il nonno.

__Obrigado Sig. Julio. _fala a Professora._ Gustavo, cosa ti ho detto? C'era da aspettarselo!

Gustavo guarda il Maestro e non dice niente, c'era già anche suo padre.

__Tranquilli professore, ho visto che Gustavo non ha obbedito. A casa parleremo. _avvisa il padre di Gustavo.

Il padre di Gustavo lo porta via.

Arriva anche la madre di Enzo e lo porta via. Enzo riprese a piangere per il trambusto.

__ mi lamenterò. _dice il nonno_ Dove hai mai visto un tale

baccano...

__Seu Júlio, non so nemmeno cosa dire. _ avvisa il docente.

__**Non dire niente. So che dipende dal lavoro. Non puoi continuare a lamentarti. Ma posso. Fammi lamentare e ad alta voce. _ dice il nonno.**

__I genitori sono nervosi per questo trasloco non pianificato. _ dice il professore.

__Dona Praga dovrebbe pensare al benessere dei bambini. _ dice il nonno.

Mio nonno mi prese per mano e andò a parlare con il preside. Era disposto a dirle alcune buone verità.

Quando ci siamo avvicinati non potevamo nemmeno dire niente, i genitori erano già lì che urlavano, si lamentavano, urlavano. Un bel casino...

__Devi pensare prima di apportare queste modifiche. _ parla una madre.

__Ha bisogno di organizzare meglio l'output. _ parla un'altra madre.

__Ti sei fermato ad ascoltare i genitori e scoprire cosa è meglio per tutti. _ parla un'altra madre.

__Devi pensare a tutti. Questa scuola non è mai stata così disorganizzata. _ parla un'altra madre.

Anche mio nonno si lamentava molto.

Io, i miei fratelli e mio nonno siamo partiti per casa.

Sai cos'è un verme?

Non lo so?

Oggi abbiamo allevato un allevamento di lombrichi. È stato incredibile!!!!!!!!!!!!!!!!!

Andammo tutti a sederci sotto l'albero di avocado. Faceva caldo, così felice che abbiamo lasciato la stanza.

Maria Clara ha preso due bottiglie in pet. Il Professore aveva già tagliato le bottiglie e portava un sacco di terra. Alcune ragazze hanno portato un secchio d'acqua.

C'era una bustina con i nostri **"preziosi vermi"**.

La professoressa Silvia ha insegnato che i lombrichi sono animali che fanno bene alla terra. Lo sapevi che scavano tunnel e quindi aerano la terra. La terra migliora.

Quindi i lombrichi sono animali utili, fanno bene alla terra.

Ma quello che mi ha colpito di più è stato sapere che un lombrico può avere cinque o più cuori.

non ci credevo!

CINQUE! CINQUE! CINQUE! O PIÙ!!!!
CINQUE! CINQUE! CINQUE! O PIÙ!!!!
CINQUE! CINQUE! CINQUE! O PIÙ!!!!
CINQUE! CINQUE! CINQUE! O PIÙ!!!!
CINQUE! CINQUE! CINQUE! O PIÙ!!!!
CINQUE! CINQUE! CINQUE! O PIÙ!!!!

CINQUE! CINQUE! CINQUE! O PIÙ!!!!
CINQUE! CINQUE! CINQUE! O PIÙ!!!!
CINQUE! CINQUE! CINQUE! O PIÙ!!!!
CINQUE! CINQUE! CINQUE! O PIÙ!!!!

__È perché i vermi hanno cinque o più cuori che possono vivere in un ambiente sotterraneo. I lombrichi sono in grado di ingerire tutto il materiale organico che li circonda, metabolizzare questo materiale, con l'ausilio del loro sistema circolatorio, e restituirlo sotto forma di humus, materiale molto prezioso per un terreno arricchito, utilizzato per l'agricoltura. _spiega il Professore.

Poi Enzo era molto intelligente. Sapete cosa disse in mezzo alla classe, lì in aula, mentre il Professore spiegava:

__Siediti con il tuo cuore... Tanti cuori!!!... _Dice Enzo.

Ha ragione. Hai mai pensato a un lombrico, sentendo con il cuore tutto quello che sentiamo nella stanza. Che sensazione!...

La classe è stata incredibile. Dopo tutte le spiegazioni nella stanza siamo andati sotto l'albero di avocado, il Maestro ha fatto un cerchio. Ci siamo seduti tutti e abbiamo allestito l'allevamento di lombrichi.

Per prima cosa riempiamo due bottiglie di terra, bagniamo la terra e mettiamo dentro i vermi.

Il professore continuava a parlare sempre più dei vermi.

Quello che mi piaceva di più era tenere i nostri allevamenti di vermi. Tutti potevano prendere in mano i due vermi, stavamo cercando di vedere se riuscivamo a vedere i vermi nel terreno. Per il momento non è stato così.

Quando siamo tornati in classe, il Maestro ha accettato che avrebbe avuto un aiutante speciale ogni giorno per prendersi cura degli allevamenti di lombrichi. Nessuno doveva preoccuparsi che tutti sarebbero stati in grado di occuparsene.

__Voglio un allevamento di vermi per me stesso. _ dice Maria Chiara.

__Non puoi portarlo a casa? chiede Arthur.

__Volevo mostrarlo anche a mia madre. _ disse Gabriela.

__Mio fratello vorrebbe vedere... _dice João.

__ Non ci ho pensato. _ dice il professore. _Ma potrebbe essere possibile...

Eravamo tutti entusiasti della risposta del Professore. Tutti volevano l'allevamento di vermi.

Quindi il professore ha trovato una facile via d'uscita dalla situazione. Il mio insegnante è davvero ben informato. Risolto tutto velocemente.

__Uno degli allevamenti di vermi sarà sempre in classe e l'altro sarà itinerante. _ informa la professoressa Silvia.

Tutti potrebbero portarlo a casa un giorno e riportarlo il giorno dopo. Potrai mostrare alla famiglia cosa abbiamo fatto, si chiama esperimento scientifico. Ma c'erano ancora molte combinazioni.

Dopotutto, i nostri lombrichi hanno bisogno di cure speciali. Tutti devono obbedire agli accordi per il benessere dei nostri vermi.

Abbiamo preso il nostro diario e annotato tutti gli accordi.

Adesso sapevamo scrivere e ciascuno scriveva nella propria agenda. Chi arrivava primo aiutava l'amico che aveva difficoltà a scrivere. Il Maestro annotò nell'agenda di Enzo tutti gli accordi e tutti furono d'accordo che avrebbero rispettato le regole dell'allevamento di lombrichi.

Non vedo l'ora di portare a casa i vermi. vado a dormire con il verme!!! Prenditi cura di lui!!!

Non parlare con me!

Sono stufo di tutti!

Starò nel mio letto nascosto sotto il cuscino.

Non parlare con me!

Che

Drooooooooooooooooooooooooooooooooooooooooooooooooooooooooo
ooooo

Enzo ed io abbiamo litigato.

Non sono più amico di Enzo.

Enzo è noioso!

Enzo mi ha combattuto!

Tutto a causa della matita colorata gialla!

Non parlare con me!

Sono stufo di tutti!

Che dannata vita!

Mi nasconderò sotto il cuscino!

Ogni giorno c'erano attività che si ripetevano.

L'insegnante dopo la chiamata passava sempre attività di scrittura. Ogni studente doveva svolgere le proprie attività da solo e il Maestro sedeva con Enzo.

Enzo non sapeva ancora leggere bene, ma già imparava. In quel momento nessuno poteva dire niente, principalmente non potevamo parlare con il Maestro che era concentrato.

È stato uno di questi giorni che l'altro insegnante è entrato nella nostra classe e ha dato un avvertimento che ha emozionato tutti. Ci sarebbe stata una gimcana di matematica con i primi anni.

Eravamo tutti entusiasti dell'idea.

La maestra è andata a spiegare meglio la gimkana solo dopo la ricreazione.

__Funzionerà così. Siamo la squadra del primo anno A. La nostra squadra deve scegliere alcuni studenti per rappresentare la classe. Devi essere un ottimo studente di matematica. Risponderà alle domande e dovrà sapere molto. È inutile parlare, lasciami e al momento vergognarmi. Non puoi vergognarti. È inutile parlare, lasciami innervosire e sbagliare tutto. È inutile parlare, non farmi sapere nulla in quel momento. Devi pensare in modo chiaro per voler essere un rappresentante. _ dice il professore.

Tutti eccitati. Tutti parlano allo stesso tempo, un'animazione. In questo momento, come al solito, Dona Praga è passata dalla porta, guardando tutto e la sua faccia era molto fastidiosa. Che alla signora Prague non piace niente.

__Sarà un sacco di responsabilità. _ dice Giovanni.

__Se la persona commette un errore, disturberà l'intera stanza. _ parla Clarice.

__Devi fare tutto bene. _ dice Artù.

__Devi anche pensare che è una gimkana. La gimkana è uno scherzo. Stiamo facendo matematica in un modo diverso. Può capitare di sbagliare. _ dice il professore.

__Non voglio perdere perché qualcuno ha commesso un errore. _ dice Gustavo.

__Siamo una squadra. Prepariamoci a vincere o perdere. _ dice il professore.

__Se vinco sarò molto felice. urlerò forte. _ dice Artù.

__Se perdo, colpirò chiunque abbia commesso un errore nella nostra classe. _ dice Gustavo.

__Se è così, non parteciperemo. Tutti possono sbagliare. _ dice il professore.

__Gustavo, hai visto cosa hai fatto. Voglio giocare. _ dice Maria Chiara.

__Nessuno ha il diritto di colpire nessuno. _Ho parlato.

__Dovremo riflettere attentamente se parteciperemo o meno. Siamo un gruppo unito. Dovremo capire vittoria o sconfitta. È solo uno scherzo. Vincere o perdere fa parte del gioco. O seguiremo le regole o non parteciperemo alla gimkana. _ dice il professore.

__Seguiamo le regole, giusto, Gustavo. _ dice Maria Chiara.

__Rispettiamo le regole. _ dice Gustavo.

__Domani sceglierò gli stessi rappresentanti. _continua il Professore_ Ma continua a pensare... Ci sarà un test per rispondere ai problemi. Per questo test, ho bisogno di due volontari. Avrai la prova di risolvere il calcolo scritto. Per questo test, ho bisogno di due volontari. Ci sarà la prova di calcolo mentale. Per questo test, ho bisogno di un volontario. Sto pensando qui chi scegliere...

__Voglio risolvere problemi. _ dice Giovanni.

__Non voglio andare, professore. Sono in mezzo alla folla. _ dice Guglielmo.

__Sono anche in mezzo alla folla. dissi con vergogna.

__Vado con Maria Clara. _fala Pedro_ Stiamo molto bene insieme!

__C'è Angélica che è brava anche in matematica. _ dice Artù.

__Nel calcolo mentale possiamo mettere Enzo, Professore. _ parla Clarice.

Il professore guardò. Tutti concordarono all'istante.

Enzo eccelleva nell'aritmetica mentale. Doveva essere il nostro concorrente. Avremmo vinto molto facilmente.

__La mia preoccupazione sono i fan. Dovremo pensare al trambusto. Sai che al nostro amico Enzo non piace il rumore. Mi è piaciuto il suggerimento. Deciderò domani... _ dice il Maestro.

Fu all'uscita che Enzo mi cercò...

Mi sono sentito male per lui e non ho parlato durante tutta la lezione.

Continuavo a guardarlo, ma ogni volta che guardava facevo finta di non vedere e andavo a parlare con un altro amico.

A pranzo è successa la stessa cosa. Sono rimasto con Arthur e João.

Durante la ricreazione andavo a giocare anche con loro.

Ho visto Enzo parlare con dei ragazzi, ho fatto finta che non chiamasse.

Ma in fondo ero molto triste, la lezione ha perso il suo divertimento senza il mio migliore amico in giro.

Che diavolo, perché siamo andati a combattere?

Enzo mi piace.

Enzo mi ha combattuto!

E adesso? Non so cosa fare?

Vado a parlargli?

Enzo si avvicinò al cancello.

__Ciao Leone. _ dice Enzo.

__Ciao enzo. _Ho parlato.

__È male? _ chiede Enzo.

__E tu sei malato? _ Ho chiesto.

__Sono tuo amico. _ dice Enzo.

__Sono anche tuo amico. _Ho parlato.

__Così è. Domani giocheremo insieme. _ dice Enzo.

Enzo corse da sua madre. Sono partita con i miei fratelli...

Ma sai, dopo la conversazione ero più sollevato. Stavo bene

con il mio amico.

Il giorno della gara di matematica eravamo tutti seduti in cortile.

Quattro aule del primo anno e tanta emozione.

La grande competizione è iniziata.

Il primo è stato il test per risolvere i problemi. Due studenti di ogni classe si sono recati a un tavolo allestito davanti al cortile. L'insegnante ha distribuito un foglio di attività. Avevano cinque minuti per risolverlo.

Siamo rimasti in silenzio e alla fine dei cinque minuti è arrivato il risultato.

È un pareggio!

Tutti avevano risolto i problemi. Festeggiamo tutti.

Vivo!!!!!!!!!

Era un urlo, un gran rumore.

Enzo era seduto al suo posto, giocava, concentratissimo, con il suo Cubo di Rubik. Il mio cubo di Rubik in realtà. L'ho preso nello zaino per giocare durante la ricreazione. Quando ho aperto lo zaino, il mio amico l'ha visto e ha voluto tenerlo. Nessuno è riuscito a prendere il cubo di Rubik di Enzo.

La madre di Enzo ha mandato un auricolare. Ha detto che gli piaceva ascoltare musica soft e con le cuffie non avrebbe sentito tutte le urla, quindi non sarebbe stato disturbato dal rumore.

Al via la seconda prova, ora toccava ai calcoli scritti. Di nuovo i due concorrenti di ogni stanza sono andati avanti, ogni classe ha preso il suo posto e ancora cinque minuti per risolvere tutti i calcoli su un foglio. Facevo il tifo per la mia stanza.

Un'altra celebrazione generale.

Ha legato di nuovo.
Non funziona così!!!!!!!!!!!

Era il momento dell'ultima e decisiva prova. Ora era tutto o niente. L'insegnante ha avvertito che non c'era parità in questo test. Doveva esserci un vincitore.

Enzo era il nostro rappresentante nel calcolo mentale.

La professoressa Silvia è andata a parlargli e gli ha spiegato che era arrivato il momento di partecipare alla gimkana. Tenevo in mano il Cubo di Rubik e le cuffie di Enzo e lui è andato avanti.

Tutti sapevano già dell'accordo. Al mio amico Enzo non piace il rumore.

La disposizione era la seguente: nessun rumore o conversazione nel mezzo del test.

I quattro concorrenti sono andati davanti alla folla. Guardarono la parete di fondo, l'insegnante che era accanto a lei. Davano le spalle al pubblico.

Eravamo tutti in assoluto silenzio. Nessuno avrebbe fatto rumore durante la competizione.

Anche gli studenti delle altre classi erano a conoscenza dell'accordo.

Tutti rispettati. Oppure verrebbero squalificati.

Torcida era solo sotto forma di cinema muto.

Sai cos'è il cinema muto?

Non c'è rumore. Non ha discorso. Chiunque facesse un po' di rumore perderebbe un punto.

È iniziato!

Un insegnante chiedeva i calcoli.

Non ce n'era un'altra, non c'era nemmeno il tempo per lei di finire ed Enzo stava già rispondendo. Stavo colpendo uno dopo l'altro, gli altri tre concorrenti tacevano.

E noi, in quella voglia matta di urlare, di festeggiare e non potevamo, continuavamo a torcerci con le mani, con gli occhi, con il naso e niente per poter aprire bocca.

Gente che si abbraccia...
Gente entusiasta...
Gente che vibra...
Tutto in assoluto silenzio!
Il Maestro alzò la mano di Enzo dicendo campione.
Battiamo le mani e festeggiamo felici.
Sai anche Enzo ha fatto i salti di gioia.
Che successo!

Non restammo a lungo in cortile, tornammo presto in classe.

C'era molto rumore, molto trambusto.

Enzo si copriva le orecchie con le mani e sapevamo che quando questo accadeva il nostro amico non stava bene.

Il nostro amico Enzo ama il silenzio e si irrita per il trambusto.

Già in classe siamo tutti seduti, felici ea commentare la vittoria.

__Congratulazioni a tutti noi. _ dice il professore.

__Complimenti a Enzo. Ha lasciato senza parole gli altri concorrenti. _ dice Maia Clara.

__Inoltre ha risposto troppo in fretta. Mi sono perso. _ dice Guglielmo.

__Ci siamo persi. Non riuscivo a tenere il passo. _Ho parlato.

__Quell'insegnante ha chiesto troppo in fretta. _ dice Gabriela.

__E alla velocità di Enzo ci siamo già abituati. Gli altri erano ancora più spaventati. _ dice Gustavo

__Valeu lo scherzo. È stato bello esercitarsi in matematica. _dice l'insegnante_ Torniamo alle attività.

__Puoi dare un abbraccio di gruppo? _ chiede improvvisamente Enzo.

__Come un abbraccio di gruppo? _chiede l'insegnante.

__Un abbraccio di gruppo è quando tutti si abbracciano. _ dice Enzo.

__Lo so. Ma ti piacciono gli abbracci di gruppo? _chiede l'insegnante.

__Non. Non voglio un abbraccio. _ dice Enzo.

__Quindi non lo facciamo. Rispettiamo. E solo noi che diamo un abbraccio collettivo e tu che guardi... _ dice il Maestro.

__Voglio un abbraccio collettivo con le dita. _ dice Enzo.

__Cos'è questo? _ chiede la professoressa Silvia.

__Io spiego. Lo so. dissi in fretta, alzando la mano.

__Dobbiamo capire di cosa si tratta. Spiega a tutta la stanza, Leco. _ dice Maria Chiara.

__Era mio nonno che insegnava a Enzo. Quando siamo andati a casa sua, abbiamo fatto un abbraccio di gruppo e ad Enzo non piace. Così mio nonno insegnò a Enzo a fare un abbraccio di gruppo con le dita. È così, ho detto.

Oltre a spiegarlo a tutta la stanza, l'ho anche mostrato.

Sono andato alla scrivania di Enzo e ci siamo toccati i mignoli.

Enzo era molto felice. Saltò più volte tutto eccitato e rise.

__Allora, professore. Il nostro abbraccio collettivo di mignoli che insegnava mio nonno. _falei_ A Enzo piace!

__Mi è piaciuto! Facciamo un abbraccio di gruppo con le dita! _ dice la professoressa Silvia.

Andammo tutti davanti ai banchi, vicino alla lavagna, toccammo i mignoli ai mignoli dei nostri amici, uno per uno, i mignoli uniti,

C'erano anche persone che si abbracciavano al contrario, festeggiando. Ma rispettiamo. Chi voleva solo un mignolo ha avuto un abbraccio di gruppo di mignoli; chi voleva un forte abbraccio, ha avuto un forte abbraccio.

Eravamo tutti felici.

Abbiamo vinto!!!!!!!!!!!!

La cosa buona è stata la visita guidata, per meglio dire lezione, come dice la professoressa Silvia. Non è una passeggiata, è una lezione di scienze alla Science Station, a San Paolo.

Tutto pronto! Finalmente il grande giorno è arrivato!

Siamo entrati in classe super entusiasti. Oggi la classe è diversa. Sarà a San Paolo, in un posto chiamato Estação Ciência.

Tutti hanno portato il loro pranzo. Andremo prima a quella stazione e poi andremo in un parco per fare un picnic e divertirci un po'.

Feci esattamente come aveva ordinato la professoressa Silvia. Ho portato il pranzo in uno zaino senza ruote per poterci camminare meglio. Ho messo uno spuntino salato, la torta di mia madre. Ho messo un po' di frutta, una banana e **mmmmmmmmmuuuuiiiittooooos** cioccolatini, caramelle, merendine. C'è anche la soda. In piccole bottiglie per non cadere e rovinarsi nello zaino. Ogni volta che apro una bibita devo bere tutto.

Tutti mostrano le loro prelibatezze, che bontà, c'erano torte e cioccolata, c'erano succhi e caramelle, c'erano gomme da masticare, oggi puoi mangiare di tutto a pranzo.

Il Maestro stava aiutando delle mamme alla porta quando arrivò Enzo.

Enzo è arrivato super chic! Indossavo una maglietta e occhiali da sole! Indossava anche un berretto.

Ho dimenticato di portare i miei occhiali da sole...

Peggio ancora, Babão, che era con noi durante il tour, tutti d'accordo con la madre di Enzo, è arrivato anche lui con gli occhiali da sole. **I due con un paio di candele e io senza un paio! Non mi è piaciuto molto.**

Enzo si è seduto alla sua scrivania e io sono andato a salutare il mio amico Babão. L'ho presentato ai miei compagni di classe. Babão ha avuto molto successo.

Babão è davvero simpatico, non ci sono voluti cinque minuti ed era già in mezzo alla folla, parlava con tutti, rideva, scattava foto con il cellulare. Ho dimenticato anche il cellulare... Ad essere sincero, mi sono appena ricordato di tutti i cioccolatini che ho comprato per il viaggio.

Tutto pronto siamo andati all'autobus. Anche l'altro primo anno è andato. Ognuno sul proprio autobus, ovviamente! Il Maestro ha organizzato tutto sull'autobus. Babão stava aiutando la professoressa Silvia.

È evidente che mentre aspettavamo cantavamo emozionati:

"L'autista può correre, il primo anno non ha paura di morire... L'autista può correre, il primo anno non ha paura di morire!..."

Fatto tutto, l'autobus è partito.

Parlando tutti insieme, molto emozionati, ci siamo affacciati alla finestra e abbiamo chiacchierato con i nostri amici. Il mio amico, socio in panchina, ovviamente, era Enzo. Non appena l'autobus ha iniziato a muoversi, ha tirato fuori dalla tasca una manciata di proiettili e li ha distribuiti a tutti. Abbiamo passato i proiettili attraverso i banchi fino a quando uno di loro ha raggiunto il professore.

Errore! Ehi! E adesso?

La professoressa Silvia si è alzata e ha chiesto a chi apparteneva la caramella??!!

Enzo ha detto che stava condividendo con i suoi amici... Ha anche fatto una faccia d'angelo!!!

Ufa! Meno male che la professoressa Silvia è davvero simpatica.

Ha detto che poteva mangiare caramelle e gomme da masticare, ma niente carta sul pavimento. Quando è arrivato il momento di scendere dall'autobus, non voleva più sentir parlare di pallottole in bocca.

Ooooobaaaaa!!!!!

La tasca di Babão era enorme, poteva contenere molti proiettili, distribuiva anche proiettili a tutti. Penso che ognuno abbia mangiato una cinquantina della quantità di caramelle che aveva. Anche il professore ha mangiato. Questo tour è stato davvero bello...

Finalmente siamo arrivati alla Stazione della Scienza.

Siamo andati in un auditorium dove un insegnante ha spiegato varie cose. Ha detto che sarebbe stata la nostra guida all'interno e abbiamo concordato le regole del tour. Alla fine ci siamo divisi in gruppi e abbiamo iniziato il tour della stazione.

Il primo posto in cui siamo andati è stato un enorme spazio pieno di modelli. Uno più bello dell'altro. La professoressa Silvia aveva già spiegato che un modello è qualcosa che rappresenta un luogo in miniatura. Ma quei modelli erano davvero sensazionali. Erano troppo perfetti, ti veniva persino voglia di rimpicciolirti e attraversarli.

Il modello che mi è piaciuto di più è stato il vulcano. Il monitor ha fatto eruttare il vulcano... Ha sparso lava ovunque. Bisogno di vedere che bello!

Abbiamo anche parlato di vulcani.

__Chissà cosa esce dal vulcano? _ chiede il monitor.

__Lei va! _Ho parlato.

__La lava viene dal centro della Terra. _ disse Enzo.

__Il vulcano ha un passaggio segreto al centro della Terra. _Ho parlato.

__Entriamo e arriviamo. _ disse Enzo.

__Non può. Sciogliamoci. _ disse Gustavo.

__Come mai? _ chiede Enzo.

__Fa molto caldo lì, si scioglie. _ dice Gustavo.

__Solo se ti inventi un outfit speciale. Altrimenti non puoi... _ dissi.

Poi il monitor ha spiegato molte cose sul Pianeta Terra, ha parlato delle placche tettoniche, ha parlato del centro della Terra...

Siamo passati da un modello all'altro finché non li abbiamo visti tutti.

L'insegnante si prende sempre cura di noi, aiuta sempre con le spiegazioni.

Raggiungiamo l'altra stanza. Era la stanza dell'elettricità. C'era un'enorme palla in un angolo e il monitor in questa stanza ha chiesto alle ragazze di tenersi per mano e formare un cerchio con essa. Noi ragazzi siamo rimasti vicini al Maestro in questo momento.

Non puoi immaginare quanto fosse bello, il monitor diceva che il nostro corpo conduce elettricità. Non sapevo che il mio corpo fosse in grado di condurre l'elettricità, come un filo ad alta tensione. C'erano persone che dubitavano. C'era gente che rideva. C'era gente che non ci credeva.

E il monitor lo ha dimostrato. Quando le ragazze si tenevano tutte per mano, mise la mano su quella palla enorme. Sai cosa è successo: l'elettricità ha iniziato a fluire da un corpo all'altro.

Sai come lo so?

Perché i capelli delle ragazze erano ritti... Devi vedere quanto sono belle tutte le ragazze che si tengono per mano e con i capelli raccolti.

Woohoo!!!!!!

Poi è stata la volta dei ragazzi. Ci tenevamo tutti per mano e anche i nostri corpi conducevano elettricità. Mi sono alzato anche io. I nostri capelli, ovviamente, erano più corti, ma tutti vedevano i suoi capelli ritti. È stato molto bello.

Abbiamo attraversato diversi posti in quella stazione scientifica. Guardando sempre tutto. Il Maestro che si prende sempre cura di noi e dice a tutti di starci vicini.

Tutto era spettacolare... Tutto era incantevole... Tutto era fantastico... Sai quando ti sembra di essere in un posto soprannaturale???... Mi sentivo così...

Mi sono fermato a guardare alcune provette nella stanza del corpo umano. C'erano molti bambini molto piccoli. Ecco com'eravamo quando eravamo nella pancia della madre, ho sentito un monitor che diceva vicino...

Ero entusiasta di vedere che...

Mi sono girata per dirlo ad Enzo e non ho visto il mio amico!!!!!!

In realtà non ho visto nessuno della mia classe. Né il Maestro né Babão.

Mio Dio, mi sono perso!

In un'altra stanza, la professoressa Silvia parlava al monitor delle macchine in quel luogo. Fu Enzo a lanciare l'allerta generale.

__Professore, dov'è Leco? _ chiede Enzo.

Il professore guardò e non mi vide neanche. Era molto preoccupata. Ha iniziato a contare gli studenti e ne mancava davvero uno.

__Non so dove sia Leco. _ dice il professore.

__Non si preoccupi, Professore, vado a cercarlo. Enzo può venire con me... _Parla Babão.

Babão ha preso la mano di Enzo ei due sono partiti a cercarmi.

Ero fermo, non sapendo da che parte andare. Stavo guardando quei bambini piccoli, stavo guardando quella stanza enorme e non sapevo in che direzione andare...

C'erano molte porte. Il mio Maestro aveva sicuramente scelto uno di loro, ma non sapevo quale...

Stavo per chiamare il mio insegnante quando ho visto Babão ed Enzo entrare da una porta guardando tutto. Enzo mi indicò e io corsi al loro fianco.

__Leco, cosa è successo? _ chiede Baba.

__Ero perso. Stavo per chiamare... _ ho detto.

__Sembri spaventato. _ dice Enzo.

__Non sto piangendo. dissi asciugandomi una lacrima.

__No non lo è. Era solo uno spavento. È finita. _ Parla Baba.

__Ma se vuoi, puoi piangere. Il bambino può piangere. _ dice Enzo.

E senza che nessuno si aspettasse Enzo, mi ha abbracciato... Che bell'abbraccio da amico!...

__Dai, il tuo insegnante è preoccupato. _ Disse Baba.

Tornammo di corsa dal professore e dal resto della classe. Ho visto che in questo momento il professore respirava più sollevato.

__Scusi, professoressa Silvia, mi sono distratta e mi sono persa in classe. dissi abbracciando la maestra.

Sorrise di sollievo e continuammo la nostra lezione.

È ora che tutti vadano in bagno. Le ragazze sono andate con Professora ei ragazzi con Babão. Abbiamo usato tutti il bagno e siamo saliti sull'autobus.

Il parco era vicino, siamo arrivati in poco tempo.

Parco come questo pieno di alberi ed erba. Abbiamo scelto un'ombra enorme e ci siamo seduti.

Il Maestro ci ha consigliato di consumare ora il pranzo che abbiamo portato, in modo che tutti si ricordino di condividerlo con i propri amici.

Abbiamo aperto lo zaino, c'era il pranzo di una settimana, tutti hanno cominciato a mangiare, lo abbiamo condiviso, lo abbiamo dato al Maestro, a Babão, abbiamo mangiato molto, abbiamo bevuto bibite.

Com'era bello sedersi tutti insieme su quell'erba. Potresti guardare in alto, vedere alcuni raggi di sole nelle cime degli alberi. Abbiamo mangiato e mangiato tanto...

Oggi è il giorno del

campo!!!!!!!!!!!!!!!!

Il campo sarà nel mio salotto.
Sai a chi è venuta l'idea?

IL NONNO!!!

Mio nonno è molto figo!!!!

Passeremo la notte in campeggio. Mio nonno ha inventato tutto e la mamma ha pensato che fosse fantastico.

Enzo è appena arrivato e la mamma è al cancello a parlare con sua madre.

Il nostro soggiorno è diventato un immenso accampamento, pieno di lenzuola che allestivano le nostre piccole capanne. C'è una cabina per tutti. Ma c'è una capanna condivisa per chi non vuole dormire da solo.

Sai, ci sono momenti in cui è spaventoso...

Enzo è arrivato in pigiama, si è portato anche il cuscino. Ho portato anche il mio cuscino. Anche i miei fratelli sono in pigiama e stiamo finendo di allacciare le lenzuola.

__Prende più in alto, quindi non puoi entrare. _ dice il nonno.

__Troppo alto è noioso, giusto, nonno. _ parla Vinicio.

__Molto basso, il vecchio qui non può entrare, giusto, Vinicio. _ dice il nonno.

__Povero nonno, Vinicio. Ha venduto. _ dice Matteo.

__Il nonno ha mal di schiena. _ parla Pietro.

__Che vecchio! Che mal di schiena?... Guarda!!!... _ dice il nonno, non piacendo.

__Vai a dormire anche qui, nonno? _ chiede Amanda.

__Certo che lo farò. _ dice il nonno.

__Pensavo che sarei rimasto nella tua stanza. _ Parla Amanda.

__Sono stato io a inventare il gioco. Non mi manca per niente. _ dice il nonno.

__Fresco. _ci sarà una storia inquietante per tutta la notte. _ dice Matteo.

__Non so se mi piacciono le storie inquietanti. dissi un po' spaventato.

__Bobo, è una bella storia di fantasmi. _ dice il nonno.

__L'ossessione non va bene. È spaventoso. _ dice Enzo.

__Non preoccuparti, appariranno solo alcuni fantasmi di fogli. _ dice Vinicio.

__Ma ti dirò un segreto, Enzo. Guarda bene il piede del piccolo fantasma. _ dice il nonno.

__Come mai? _ chiede Enzo.

__Perché se il fantasmino ha due piedini è buono. Solo il piccolo fantasma che non ha piedi è cattivo. _ avvisa il nonno.

__Okay, terrò d'occhio. _ dice Enzo.

__Quindi nessuno deve avere paura. Il fantasma con il piede è molto buono. _ dice il nonno.

__Quindi il gioco sarà un po' noioso. _ si lamenta Vinicio.

__Legal è davvero un'ossessione terrificante... mi piace il sangue... _dice Pedro.

__Non mi piace. _ Parla Amanda.

__Possiamo avere anche gli zombi. _ parla Pietro.

__Penso che solo i fantasmi vadano bene. _dice Matheus, anche lui un po' sospettoso.

__Penso che i piccoli fantasmi con i piedi ei bravi ragazzi abbiano vinto questo voto... _dice il nonno, notando che molte persone sono spaventate.

La madre di Enzo se n'è andata.

Mia madre è entrata e ha visto tutte quelle capanne con le lenzuola. Si è seduto accanto a noi con un'enorme ciotola di popcorn. Abbiamo mangiato un sacco di popcorn e bevuto bibite.

Poi il nonno ha raccontato storie di quando era bambino e viveva in una fattoria. Amava raccontare queste storie...

Avevo sentito molte volte la stessa storia ma non Enzo. Il nonno raccontava sempre la storia di Saci-Pererê. Fin da bambino andava a casa di sua nonna, e in mezzo alla strada vedeva Saci-Pererê nascondersi e chiamarlo. Il nonno il bambino era molto spaventato e corse a casa.

La madre del nonno ha sentito la storia ed è andata a metà

strada con lui, ma quando sono arrivati, non c'era più Saci-Pererê.

__Dov'era Saci-Pererê? _ chiede Enzo.

__Deve essere scappato. È andato! _ dice il nonno.

__Non sei tornato? _ chiede Enzo.

__Torna indietro. Di notte fischiava sempre... _ dice il nonno.

__Come fai a sapere che è stato lui? _ chiede Enzo.

__Perché tutti hanno sentito il fischio. Ma nessuno ha visto chi fischiava. Era Saci-Pererê. _ dice il nonno.

__È spaventoso. _ dice Enzo.

__Penso anche. _ Parla Amanda.

__Nulla di cui preoccuparsi. Siamo in città. Pieno di luci... Non viene in città. _ dice il nonno.

__Vive lì nella fattoria... _dice Amanda.

__Rimarrà per sempre a vivere nella fattoria. Non ama le città. _ dice il nonno.

Molto buona.

Poi la mamma ha detto che avrebbe spento le luci, infatti era mezzanotte passata quando la mamma ha detto questo...

Tutti eccitati, tutti parlano insieme. Nessuno aveva voglia di dormire. La madre ha dato la buonanotte a tutti ed è andata a letto. Il nonno sarebbe rimasto con noi.

__ Ho paura del buio. _ dice Enzo.

__E ora, nonno? _chiesi _Dormiamo con la luce accesa.

__Niente. Non è necessario. Usiamo la torcia. _ dice il nonno.

__Vô, pensi sempre a tutto. _ dissi

con il respiro sollevato, in fondo neanche a me piaceva molto il buio.

__Devo pensare. Conosco molte persone che hanno paura del buio. _ dice il nonno.

__Vinicio ha. _ disse piano Enzo.

__Sì lui ha. _sussurrò il nonno_ Ma non dirglielo.

Appena mia madre ha spento tutte le luci di casa, annunciando che era ora di andare a letto, il nonno ha acceso la torcia. In questo modo non era così buio.

__Siamo in ritardo. Ognuno nella propria capanna. _comanda il nonno.

__ Sono coraggioso. Vado a dormire da solo. _ parla Vinicio.

__ ci vado anch'io. _ parla Pietro.

__Non so se vado... _dice Matheus.

__Penso di aver bisogno di compagnia. _Ho parlato.

__Eccellente. Anche bisogno. _ Parla Amanda.

__Posso stare con te? _ chiede Enzo.

__Ce ne sono già tre nella nostra cabina. Meno male che è così grande. _Ho parlato.

__Starò con te. _Dice Matheus cambiando idea sul dormire da solo.

__Sono solo. Buona Notte. _ avvisa il nonno.
Tutto tranquillo... Silenzio...

Ero già con il cuscino pronto per dormire quando ho sentito un rumore.

__Uuuuhhhhh! _una cosa bianca,

apparsa nella stanza, parlò.

__Un fantasma. _ dice Matteo.

__Va bene! Guarda, c'è un piede. _avvisa Enzo.

__Prepara l'artiglieria! Battaglia di cuscini! _ grida il nonno.

Non appena ha finito di parlare, i cuscini e tutti i cuscini sono volati sul fantasma. Pedro e Matheus sono saltati sopra il fantasma.

__Sollievo! _ urlò il fantasma.

__Povero fantasma. Hai paura. _ dice Enzo.

__Conosco quella voce... _dice Amanda.

È stato Pedro a strappare il lenzuolo. Era Vinicio.

__Sei pazzo! Quanti cuscini. Quindi nessun fantasma resiste! _ avverte Vinicio.

__ Vinicio! _Ho parlato.

__Il campeggio senza un fantasma non è divertente. _ parla Vinicio.

__Sono contento che eri tu. Ha finito. Andiamo a dormire. _Ho parlato.

Un altro rumore.
Un'ombra sul muro...
Un tintinnio di catene...
Alcune luci viola...
Molto spaventoso...

__Vinicius, smettiamola. _ Parla Amanda.

__Penso anche. _ dice Enzo.

__Ragazzi, sono qui. Non sono io. _ parla Vinicio.

__Deve essere un vero fantasma. _parla Pietro.

__Socoooorrrrrrooooo! _ urla Enzo.

Non volevo aspettare e vedere, sono corso fuori e sono andato a nascondermi in bagno. Tremavo dalla paura. Ora avevo un vero fantasma in casa mia.

Non ci vollero nemmeno cinque minuti ed Enzo si nascondeva con me.

Potevo sentire le urla nel soggiorno. Amanda urlava, Pedro urlava... Tutti urlavano...

__Ho paura. _ dice Enzo.

__lo sono anch'io. _ dissi spaventato.

__Il fantasma ha i piedi piccoli? _ chiede Enzo.

__Non lo so. Non ho visto. _Ho parlato.

__E adesso? _ chiede Enzo.

__Urla. Urla forte. Chiama mia madre. _Ho parlato.

Uno ha guardato in faccia l'altro e abbiamo iniziato a urlare.

Maaaaaãeeeee!

!!_ urliamo

spaventati.

Tutto silenzio. Nessun rumore. Niente urla. Nessuna madre. Ci è voluto un po' e finalmente il nonno ci ha trovato.

__Ragazzi, va tutto bene? _chiede il nonno.

__Vô, dov'è la madre? _ Ho chiesto.

__È nel soggiorno. Torniamo alla nostra cabina. _ dice il nonno.

__Ma il nonno ha un fantasma. _Ho parlato.

__Non ho visto un piede. _ disse Enzo.

__Il fantasma è sparito. Torniamo a dormire. _ dice il nonno.

Il nonno teneva per mano me ed Enzo.

Torniamo in camera. Tutti erano silenziosi, silenziosi, seduti sul divano. La mamma era lì con una faccia molto arrabbiata.

__Non ci sono più fantasmi. Sono quasi le tre del mattino. Se sento un

piccolo rumore... Un altro rumore, così sia, tutti tornano a letto. Buona Notte! _ dice la madre.

La madre torna nella sua stanza. Ciascuno si avviò verso la propria capanna nel più grande silenzio.

__Ma dov'è il fantasma? _ chiede Enzo.

__È andato. _ dice il nonno.

__E se appare? _ chiede Enzo.

__Ragazzo, pensi che con una madre pazza come questa, apparirà un fantasma. Sentito molto bene, senza alcun rumore. Non respirare forte che fa rumore. Andiamo a dormire. _ avvisa il nonno.

Ora sì. Buona Notte!

Questa settimana è stata sporca!

Ha davvero salvato il lunedì a scuola.

Lunedì la professoressa Silvia ha iniziato la lezione con una novità.

Ricordi quando ti ho detto che siamo andati a fare il nostro allevamento di lombrichi, sotto l'albero di avocado...

Era molto buono...

Ma quel giorno molte persone alzarono lo sguardo e non sapevano esattamente cosa fosse un avocado. C'erano persone nella mia classe che non avevano mai mangiato un avocado. Dopo aver realizzato l'allevamento di vermi, stavamo parlando di avocado.

Sapevi che l'avocado è delizioso?

Sapevi che l'avocado ha vitamine?

Sapevi che c'è un albero di avocado nella mia scuola, carico di esso?

Oggi la Maestra ha chiesto a un signore che si occupa della scuola degli avocado e lei si è presentata in classe con dieci di loro. Avremmo mangiato avocado tutti insieme.

Era il nostro segreto. Nessuno poteva saperlo altrimenti sarebbero stati guai...

Il professore chiuse la porta. Abbiamo lasciato il nostro quaderno sul tavolo. Qualsiasi cosa diremmo che è stata solo un'esperienza...

Il Maestro ha tagliato gli avocado. Aveva un seme enorme.

__È questo seme? chiese Gustavo.

__Quello è il seme di avocado. _ dice il professore.

__È enorme. _ dice Enzo.

__Davvero enorme. Non ricordo un altro seme così grande... _ dice il Professore.

Poi, con un cucchiaio, ha tolto la polpa dall'avocado, ha mescolato il tutto in una ciotola. Mise molto zucchero e lo divise in tazzine per ognuno di noi.

__Volevo davvero che tutti lo provassero. Ma non costringerò nessuno a mangiare. Se non lo vuoi, non ne hai bisogno. _ avvisa il docente.

Ho già mangiato l'avocado con lo zucchero, ho iniziato a mangiare il mio subito.

Anche Enzo mangiò il suo.

Altri bambini hanno fatto la stessa cosa, tutti l'hanno provata e alla fine è piaciuta a tutti.

__Maestro, possiamo piantare i semi. Ci saranno più alberi di avocado a scuola. Ci sarà molta ombra nella nostra scuola. _ dice Maria Chiara.

__Facciamo quanto segue... Metterò un seme in una bottiglia di soda che non usiamo per fare l'allevamento di lombrichi. Vediamo se il seme germoglia. Proprio come i fagiolini, ricordi? Poi possiamo andare al parco e piantare la piantina. Penso che questo andrà meglio. _ avvisa il docente.

Siamo tutti d'accordo. Prima vedremo il seme germogliare e poi lo pianteremo nel parco.

__Possiamo tornare al parco venerdì a mangiare di nuovo le more? _chiede Giovanni.

__Lo voglio _dice Enzo.

«Anche io» dissi.

Tutti erano d'accordo e abbiamo guardato il professore.

__Se vuole, porto altre tazze, professore. _ parla Clarice.

__Non sarà necessario. Abbiamo delle tazze conservate nell'armadio. Penso che possiamo organizzarci per mangiare le more venerdì. _ dice il professore. _Adesso prendi i quaderni, facciamo i conti...

__Amo i venerdì. _ dice Maria Chiara.

__ Piace a tutti. _ dice Enzo.

__È il miglior giorno della settimana. Possiamo sempre andare al parco. _ parla Clarice.

__Non quando piove. _ dice Enzo.

__Possiamo fare un esperimento e andare con un ombrello. _ dice Giovanni.

__ Penserai se è possibile andare a piede d'anatra. _interpreta il

Professore.

__I nostri. Devo dire a mia madre di comprare le zampe d'anatra. _ dice Gustavo.

__Può essere solo un ombrello, davvero? _chiede Giovanni.

__Até quel piede d'anatra sarebbe molto bello. _ dice Artù.

__Povera anatra, sta per finire i piedi. _ dice Enzo.

__Il negozio è pieno da vendere... _dice Maria Clara.

__Argomento chiuso. Classe per bambini. Matematica. _ avvisa il docente.

Martedì non è andata bene.

Enzo era insopportabile. Non volevo parlare, non volevo nessuno vicino, non volevo fare le attività...

Il Professore uscì più volte dalla stanza con lui, cercando di calmarlo e niente.

__Non serve, Enzo si fa girare l'uovo. _ dice Maria Chiara.

__È difficile. _ dice Gustavo.

Per la millesima volta il Maestro è tornato in classe con Enzo. Si è seduto sulla sua scrivania facendo rumore...

Ad un tratto il Maestro mi guardò e vide che non stavo bene. Si avvicinò alla mia scrivania e mi mise una mano sulla fronte. Ho avuto la febbre.

__Meglio chiamare casa tua, Leco. Hai la febbre. _ dice il professore.

__Ho mal di gola. _Ho parlato.

__Avresti dovuto avvisarmi prima. _ dice il professore.

__Oggi è dura, professore. Non hai tempo per respirare. _Ho parlato.

Il Maestro ha mandato qualcuno a chiamare casa mia. Stavo aspettando che mia madre o mio nonno venissero a prenderlo. Sono andato al corso d'arte.

__Leco ed Enzo staranno con me in aula professori, maestro. Leco se ne va perché ha la febbre ed Enzo oggi è molto agitato. _ dice il professore.

Siamo andati nella sala insegnanti. Mi sono seduto su una sedia in attesa che arrivasse qualcuno da casa. A dire il vero non volevo niente, mi faceva male la testa, mi faceva male lo stomaco.

C'erano più insegnanti lì e stavano parlando.

__Mi arrendo. _disse un insegnante_ Meglio sistemare questo taccuino. Non funzionerà nemmeno.

__Quando abbiamo bisogno di più non funzionano. _ dice un altro insegnante.

__Era già un po' bloccato per un po'. Lo stavo rimandando. Ho bisogno di un tecnico. _ dice l'insegnante.

__So come riordinare. _Dice Enzo

avvicinandosi a lui.

__Enzo, non muoverti. L'insegnante è occupato. _ avvisare il nostro insegnante.

__Puoi anche vederlo, Enzo. Ma non funzionerà. Non funziona mai bene. Dovrò scaricare di nuovo tutto il pacchetto... _dice il professore_ Facci vedere, Silvia. Non funziona davvero.

Il mio insegnante stava sistemando alcuni compiti. L'insegnante si alzò e uscì dalla stanza.

Enzo stava armeggiando con il computer. Ho premuto diversi pulsanti...

So solo che sembrava che tutto stesse peggiorando, mi sentivo molto male, doveva essere stata una specie di influenza che mi avrebbe preso e per davvero. Spero che mia madre arrivi presto...

All'improvviso l'insegnante è tornato in aula e si è emozionato.

__Il taccuino si è acceso... Cosa hai fatto Enzo? _ chiede l'insegnante.

__Installato di nuovo il programma. È facile! _ dice Enzo felice.
__E controlla che sia installato correttamente. non credo! Sta funzionando! _dice la maestra_ Complimenti, Enzo.

Enzo era molto felice. Siamo andati a sederci accanto al nostro insegnante...

L'insegnante stava armeggiando con il suo quaderno e sembrava essere felice anche lui. Dona Praga passò davanti alla porta del soggiorno e guardò. A questo è arrivata mia madre e io me ne sono andato.

Mercoledì è iniziato in modo tumultuoso.

La mattina presto c'erano molti camion parcheggiati proprio sulla strada della scuola.

Mia madre si è arrabbiata, non c'era modo di parcheggiare correttamente per me e i miei fratelli per scendere. Vinicio ha attraversato la strada con noi, stando molto attento, ed siamo entrati in classe.

Non appena il professore ha iniziato a fare l'appello, è iniziato un forte rumore. Una sega che faceva un rumore fastidioso...

Enzo si mise una mano sulle orecchie. Tutti hanno iniziato a lamentarsi. Quindi non era possibile...

__Proviamo a concentrarci. È ora di fare qualcosa a scuola... _dice l'insegnante_ Prendi il libro di geografia. Facciamo esercizi mentre il rumore continua. Non posso dire niente del genere.

Stavamo svolgendo diverse attività di revisione. A volte il rumore cessava, ma solo un po', poi ricominciava.

Poco dopo, un insegnante è apparso nella mia classe.

__non ci credo! Stanno tagliando

tutto. I miei studenti sono indignati. _ dice l'insegnante

__Incredibile. _ parla il mio maestro.

__La cosa peggiore è che sono andato lì per cercare di parlare con Dona Praga e lei ha detto che non poteva fare niente. _ dice un altro insegnante.

__Doveva dare ordini per fermare tutto. _ dice la professoressa Silvia.

__Non lo farò. Doveva farsi carico della situazione... _dice l'altra maestra.

Ancora non capivo bene cosa stesse succedendo. Non so cosa fosse, tutto quello che stavano tagliando. L'ho capito solo quando me ne sono andato...

Non riuscivo a credere a quello che era successo. La signora Praga ha fatto abbattere TUTTI gli alberi della scuola. Tutto è finito!

Ero in macchina con mia madre a guardare tutti gli alberi per terra.

__Dalla mia stanza ho potuto vedere, madre. È stato orribile! _ Parla Amanda.

__ Hanno tagliato tutto. È stato un rumore infernale per tutta la mattina. _ dice Matteo.

__Come può una persona sana di mente permettere che gli alberi vengano abbattuti. _ parla Pietro.

__Dona Praga non è una persona con una coscienza. _dice Vinicius_ Non hai visto che a scuola non piace a nessuno. Quando appare, gli altri dipendenti sembrano felici e quando se ne va, tutti parlano male di questo direttore. Lei è insopportabile!

__Ma per distruggere la natura in questo modo. _ Ho parlato_ Non poteva lasciare che il governo tagliasse gli alberi. Mamma, devi fare qualcosa.

__Figlio mio, gli alberi sono tutti a terra. _dice mia madre_ Se i genitori lo avessero saputo prima saremmo andati a lamentarci. Ma ora cosa faremo?

__Bisogno di lamentarsi... _Ho detto molto tristemente.

__Potremmo chiamare la televisione per fare un reportage. _ parla Pietro.

__La televisione non si accende a scuola. Sono state persone del governo che sono venute qui per tagliarlo. _ dice Matteo.

__Chiama qualcuno per aiutarti. _Ho parlato.

__È inutile. Tutto è finito. _ parla Vinicio.

__Io credo in Dio. _dice mia Madre_ Puoi sperare che Dio sa quello che fa e al momento giusto metterà fine a questa arroganza di Dona Praga. Guarda cosa fa questa donna? Fa sempre errori in tutto. Hai visto come non piace alla gente. È una donna che non sa nulla e vuole governare tutto. Vuole dominarli tutti. L'altro giorno l'ho vista imprecare contro un dipendente. Ha detto che qui è la direttrice e si occupa di tutto. Almeno se sapessi qualcosa. Questa donna non sa nulla e vuole governare cosa? Mi dispiace per queste persone che sono costrette a lavorare con una persona così cattiva. Come dev'essere triste lavorare con qualcuno così negativo... Leco, figlio mio, puoi star certo che questa donna, prima di morire, pagherà per tutto il male che ha fatto.

Dio scrive dritto con righe storte, tutto ciò che facciamo male in questo mondo è in questo mondo che

paghiamo...

Giovedì eravamo devastati in classe.

Il Maestro arrivò e ci fissò senza sapere cosa dire.

__Non poteva lasciare che tagliassero tutto, professore. _Ho parlato.

__Mia madre ha chiamato il municipio per lamentarsi. _ dice Artù.

__Anche il mio. Dannazione, venerdì non si mangiano più more. _ dice Gustavo.

__Potrebbe esserci un modo per questa Dona Praga di lasciare la scuola... _dice Maria Clara.

__Questo non accadrà. Ha già detto che non se ne va di qui. _ dice il professore.

__Quando diventerò grande non voglio che mio figlio studi in un brutto posto come questo. _ parla Clarice.

__Voglio una scuola piena di alberi per i miei figli. _ dice Gabriela.

__Possiamo piantare più alberi. _ dice Enzo.

__La squadra che ha tagliato tutto non vuole più alberi... _dice il Professore.

__Cosa farà la squadra? chiede Arthur.

__Ora non ci saranno più alberi. Hanno detto che creeranno un ambiente sensoriale. Metteranno pietre, sabbia, cemento e cose diverse sul terreno. In questo modo potremo camminare a piedi nudi, provando sensazioni diverse. _ dice il professore.

__E perché eliminare gli alberi? _chiede Giovanni.

__Che non ho capito neanche io. _Ho parlato

__La persona che ha avuto questa idea ha detto che doveva rimuovere tutti gli alberi. Erano inquietanti _ dice la maestra

__Che idea stupida! _ dice Enzo.

Siamo tutti d'accordo.

__Pensa bene insegnante. Non avevo bisogno di abbattere tutti gli alberi. Potresti farlo a terra senza abbattere nessun albero nella scuola. _ dice Maria Chiara.

__Mi piaceva molto parlare sotto gli alberi... Del mangiare i frutti... _ dissi.

__È meglio interrompere questa conversazione prima che finisca in una maggiore confusione. È inutile. Queste persone non ascoltano. Solo loro lo sanno, solo loro vogliono governare tutto... Non ascoltano l'opinione di nessuno, fanno quello che vogliono. Persone che hanno posizioni elevate nell'istruzione e non sanno nulla. Fanno stronzate dopo stronzate. **Potevano ascoltare l'opinione di insegnanti e studenti. Dopotutto, insegnanti e studenti sono le due cose più importanti in una scuola. _ dice il professore.**

E la lezione è continuata. Una calda...

Adesso non c'erano più alberi che facevano ombra alle finestre. La professoressa Silvia ha chiuso le tende. Era molto soffocante. Era troppo brutto. Sono tornato a casa con il mal di testa.

La parte peggiore era che d'ora in poi non ci sarebbero più ombre alla finestra. Ogni giorno il Maestro doveva chiudere le tende. Ogni giorno faceva molto caldo. Ogni giorno l'aula era molto soffocante.

Il Professore ha allontanato diversi banchi dalla finestra cercando di aggirare la situazione. La stanza era angusta. Praticamente c'erano alcune ore della giornata in cui usavamo solo metà della stanza perché c'era un sole forte. Anche con le tende chiuse faceva molto caldo.

Ogni giorno c'erano persone che continuavano a lamentarsi. Ma ora era inutile. Non avevamo più i nostri alberi sotto cui sederci e mangiare deliziosi frutti. Mi mancano gli alberi della nostra cara scuola.

Venerdì è stato molto triste.
Il nostro accordo di mangiare le more è andato in malora...

Ciò nonostante, abbiamo chiesto alla professoressa Silvia di accompagnarci al cancello per vedere da vicino l'entità del danno fatto. Non potevo nemmeno crederci...

Siamo andati al cancello e abbiamo guardato. I camion stavano tirando fuori gli ultimi tronchi tagliati a pezzi...

Lo guardavamo, desolati...

__ Continuo a non crederci. _ dice Maria Chiara.

__Dovrebbe esserci una legge che dice che ogni scuola deve avere alberi. _Ho parlato.

__Dovrebbero colpire le teste di coloro che tagliano gli alberi delle scuole. _ parla Clarice.

__Decisione politica. _ dice il professore.

__Questi politici non sanno niente, professoressa Silvia? _chiede Giovanni.

__Non. Non sanno niente. _ dice il professore.

__Allora non dovrebbero esistere. _ dice Artù.

__Se i bambini fossero responsabili di tutto, il mondo sarebbe migliore._ dice Enzo.

__Sono totalmente d'accordo. _ dice il professore.

__ Stavamo per piantare alberi ovunque... _ dissi.

__Stare qui a lamentarsi è inutile. Torniamo indietro è il nostro momento di andare alla fiera del libro. _ avvisa il docente.

Ci siamo alzati e siamo andati direttamente in classe. Ognuno ha preso i suoi soldi per comprare i libri e siamo andati alla fiera del libro che era allestita all'ingresso della scuola. C'erano dei genitori che cercavano e compravano.

Siamo arrivati e siamo andati a guardare tutti i libri per vedere cosa comprare.

C'erano libri davvero fighi!!... Uno più figo dell'altro... Era difficile scegliere...

__Prendo questo. **Bici.**.. _dice Enzo scegliendo il suo libro.

__La prendo lo stesso. _Ho parlato.

__No, prendilo in modo diverso, quindi lo cambiamo. _ dice Enzo.

__Quello... Fammi scegliere... Quello: **Alta tensione**... _ho detto.

__Hai scelto molto bene. Adoro la **scrittrice Silvia D'Lucca**. Scrive libri fantastici. _ dice il professore.

__Hai letto i suoi libri? _ Ho chiesto.

__Tutti. Le storie sono super coinvolgenti... _ dice il Maestro.

__E tu comprerai... _dice Enzo.

__Prendo questi due... **Porto Seguro e Il mio amico è speciale, e lo sono anch'io, wow!** _ dice il professore.

__Questi libri stanno avendo molto successo. Tutti vogliono comprare. _ disse il Venditore.

__Ho visto la sua intervista in televisione. È anche un'insegnante. _ dice il professore.

__ Brava gente. _parla il Venditore.

__Wow, abbiamo scelto i libri migliori, Enzo. _Ho parlato.

__Tornerò a casa e leggerò il mio... Poi ci cambieremo. _ dice Enzo.

__Divorerai il mio libro... Amo leggere. _Ho parlato.

__ Mi piace anche leggere. È stata la professoressa Silvia a insegnarmi. _ dice Enzo.

Oggi il programma era tre. Io, Enzo e il padre di Enzo.

Il padre di Enzo lavora in un'azienda molto grande. È in un'altra città, quindi torna a casa solo nei fine settimana. E guarda, ci sono fine settimana in cui finisce per stare in un'altra città. Sai com'è, ci sono momenti in cui dobbiamo risparmiare denaro.

Oggi è sabato... Fine settimana...

So che il mio amico Enzo è molto affezionato a suo padre, quando è qui loro due non si lasciano andare. Oggi sono in uno di quei gruppi familiari.

Enzo mi ha invitato a fare un tour con loro. Suo padre vuole così tanto conoscermi che il mio amico continua a parlare del suo migliore amico: IO!

Abbiamo deciso di andare in una piazzetta, andiamo a fare una passeggiata con i cani di Enzo. Non ho cani. Sarà un buon allenamento per vedere se mi piace. Mia madre dice che per avere un animale domestico ci vogliono molte responsabilità.

Enzo ha i suoi animali e se ne prende cura. Voglio dire, ci vuole più o meno cura, anche Babão è diventato un Babão da compagnia.

Stavamo passeggiando in piazza...

Il padre di Enzo stava parlando con noi. Parlò dei cani, indicò degli uccelli nell'erba, disse che non potevamo avvicinarci, che se erano nell'erba era perché lì c'era il nido. Bastava avvicinarsi e l'animale ci correva dietro. Ovviamente non siamo andati lì per verificarlo. Nessuno voleva essere beccato da un uccello pericoloso.

Abbiamo camminato per un po'. Poi ci siamo seduti per un po' a riposare. Anche i due cani si sedettero. Io ne presi uno ed Enzo prese l'altro. Mi stavo divertendo ad avere un animale domestico. Penso che vorrò davvero un cucciolo.

__Quindi sei Leco? Amico del mio Enzo. _ dice il padre di Enzo.

__Noi siamo migliori amici. _Ho parlato.

_Leco ed io ci siamo preparati insieme al lavandino e siamo tornati a casa... _Enzo scherza.

__Ma i migliori amici non possono scherzare. _ dice il padre di Enzo.

__È solo che quel giorno la lezione era noiosa. _Ho parlato.

__Sei... Scusa zoppo. _ dice il padre di Enzo.

__Non sono più tornato a casa per prepararmi. _ dice Enzo.

__Questo è vero. Devo incontrare il tuo professore. Deve essere proprio brava... _ dice il padre di Enzo.

__La professoressa Silvia è la migliore del mondo. Sa tutto. _Ho parlato.

__Lo so davvero. A Enzo la scuola non è mai piaciuta tanto quanto adesso. _ dice il padre di Enzo.

Fu in quel momento che passò un venditore. Portava delle cose di polistirolo.

Il padre di Enzo quando vide quel venditore si eccitò. Ha detto a me ea lui di aspettare in panchina ed è andato lì a prendere due di quelle cose. Non due, ne ho portati tre!!!

__Che cos'è? _ chiede Enzo.

__Aereo in polistirolo. Era da un po' che non ne vedevo uno di questi... Come giocavo con un aeroplanino di polistirolo... _ dice il papà di Enzo.

__Come è? _ chiede Enzo.

__non lo so neanche io. _Ho parlato.

__non ci credo! Hai mai visto un aeroplano di polistirolo? _ chiede il padre di Enzo.

Abbiamo scosso la testa in senso negativo. Quella era latta.

__Mostrerò. È davvero bello suonare questo. _ dice il padre di Enzo.

Siamo andati sull'erba. Abbiamo lasciato i due cani legati lì vicino, in un luogo adatto a questo.

Restiamo vicini. Stavano per guardare il nostro scherzo.

Il padre di Enzo tirò fuori dalla tasca un rocchetto di filo, che aveva comprato anche lui dal venditore, e lo legò alle pialle. Tre piccoli aerei. Uno a testa.

__Questo funziona come un aquilone. Pipa sai cos'è? _ chiede il padre di Enzo.

Il padre di Enzo corse un po' e l'aereo si alzò in cielo, sembrava proprio un aquilone.

Fantastico, non sapevo esistesse, mi piace.

La giornata è stata leggermente ventosa. Non c'era nemmeno bisogno di fare alcuno sforzo. Bastava stare fermi e il vento avrebbe sollevato il piccolo aeroplano. Questo è quello che abbiamo fatto io ed Enzo. Ci aggrappammo alla lenza e il vento sollevò rapidamente i nostri piccoli aerei. Stavano fluttuando nell'aria... E ci siamo divertiti con quella vecchia nuova barzelletta...

__Guarda com'è facile? _ chiede il padre di Enzo.

__Sta volando... _dice Enzo tutto contento.

__Resta così con questa brezza... Volando... _dice il padre di

Enzo.

Classe. La settimana di valutazione è stata dura. Ma eravamo lì per fare la valutazione.

Eravamo in apprensione per la valutazione, l'unico che sembrava molto contento era Enzo. A dire il vero, non credo che fosse troppo preoccupato per la valutazione. Volevo parlare di più del fine settimana con papà.

__Professora Silvia, sono andato a volare questo fine settimana. _ dice Enzo.
__Fantastico, Enzo. _ ha detto la professoressa Silvia.

__Era in aereo. _fala Enzo_ Con mio padre.

__Tuo padre ha portato la famiglia su un aereo? _chiede l'insegnante.

__Sono andato a fare un giro in aereo. _fala Enzo_ Anche Leco è andato.

__Non è così. Abbiamo giocato molto con gli aeroplani. _Ho parlato.

__Più tardi mi racconti tutta questa storia. Ora facciamo la valutazione. _ dice il professore.

Chiudiamo la bocca.

La professoressa Silvia ha consegnato le valutazioni. Ognuno ha ricevuto il suo, ci abbiamo messo il nostro nome e abbiamo iniziato a farlo.

La professoressa Silvia ha spiegato che durante la valutazione era tempo che tutti tacessero. Nessuno poteva parlare, nessuno poteva chiedere niente. Era ora di fare tutto da solo. Dopo, il Maestro leggeva le valutazioni e scopriva tutto quello che già sapevamo fare molto bene e tutto quello su cui avevamo ancora dei dubbi. In questo modo avrebbe potuto aiutare tutti a risolvere i propri dubbi.

Prova dura. Stavo pensando di fare tutto bene. C'è voluto molto tempo, siamo rimasti fino alla pausa a fare una valutazione. Non è più finita.

Siamo andati a pranzo e poi finalmente è arrivato il momento più bello della giornata: la ricreazione.

Enzo ha persino dimenticato tutto ed è andato a suonare sulla bilancia. Gli piace molto suonare sulla bilancia.

Mi ha chiamato la professoressa Silvia.

__Leco, cos'è questa storia di volare in aereo? _chiede l'insegnante.

__In realtà era uno scherzo, professore. _Ho parlato.

__scherzo come?_chiede l'insegnante.

__Il padre di Enzo lo ha invitato a fare una passeggiata con loro alla fine della settimana. Siamo andati in un parco per animali. Poi è apparso un piccolo venditore di aerei... Sai cos'è un piccolo aereo di polistirolo? _ Ho chiesto.

__Si, lo so. Mi piaceva giocare con un piccolo aereo di polistirolo quando ero bambino. _ dice la professoressa Silvia.

__Conosci anche le pialle in polistirolo? chiesi eccitato.

__Ho giocato molto. _ dice il professore.

__Non sapevo cosa fosse. Non Enzo. Suo padre gli ha insegnato a giocare con una pialla in polistirolo, era molto bello. _Ho parlato.

__Ed Enzo ha detto che stava volando... _dice la professoressa Silvia.

__In realtà è stato il nostro piccolo aereo a volare. _Ho parlato.

__Ma Enzo era contento? Gli è piaciuto molto. _ dice il professore. __Come ti è piaciuto. Era felice come non lo sono mai stato io. _Ho parlato.

__Inoltre questo è molto interessante... _dice il Professore.

__La madre di Enzo ha detto che non ha mollato l'aereo per tutto il fine settimana. _Ho parlato.

__E scommetto che neanche tu. _ dice il professore.

Ho guardato il mio Maestro. Sembrava avere una grande idea. Non ho capito bene cosa stavo pensando. Ma so che ero felice, guardavo Enzo e sorridevo.

__Cosa è successo, professore? _ Ho chiesto.

__Niente, no, Leco. Vai a giocare con Enzo. _ dice il professore.

Ho guardato e non ho capito bene, ma volevo davvero suonare, sono corso fuori e sono andato sulla bilancia. Tornai a guardare il professore. Era tranquilla, ma sorrideva, cosa stava progettando...

Stavamo tornando dalla ricreazione.

Tutti sudati, si asciugano la faccia con la salvietta, vanno a riempire la borraccia. La giornata è calda, bello giocare. Tutto sudato...

__Sediamoci, asciughiamoci il viso, sistemiamo le cose per copiare i compiti. _ avvisa il docente.

__Puoi prendere il quaderno dei compiti, professore? _ chiede Gabriela.

__Lui può. E prendi anche l'ordine del giorno. C'è un biglietto da attaccare. Mentre ti organizzi, prendo il biglietto dalla segretaria e torno subito. _ avvisa il docente.

__Io sono l'aiutante oggi. Mi occupo della stanza. _ dice Enzo.

__Enzo è l'aiutante. Comportarsi! _ dice il professore.

La professoressa Silvia esce dalla stanza per prendere il biglietto. C'erano ancora persone che entravano, persone che uscivano, persone che arrivavano, persone che mettevano via la bottiglia d'acqua, persone che riprendevano i quaderni dei compiti, persone che riprendevano la loro agenda...

__Tutti seduti in silenzio. _ dice Enzo.

__Ecco fatto, Enzo. Prima devo mettere la mia bottiglietta nello zaino. _ dice Clarice seduta sul pavimento.

__ mi metto le scarpe da ginnastica. _ parla anche Arthur seduto per terra.

__Non tardare o segnerò il nome sulla lavagna. _ avverte Enzo.

Continuiamo a fare i bagagli, a risparmiare, a ritirare,...

__Tutti in silenzio. La lezione continuerà... _suona Enzo.

__Sei diventato un insegnante adesso, Enzo? _ chiede Maria Chiara.

__Prendi il tuo quaderno, la tua agenda e il tubetto di colla per incollare il foglietto. _ dice Enzo.

__La mia colla... _ dissi cercando la mia colla nello zaino.

__Enzo è diventato un insegnante. _interpreta Maria Clara.

__Sono il professor Enzo. _ dice Enzo sorridendo.

Arrivò la professoressa Silvia e si fermò sulla porta della stanza, guardando Enzo che la imitava. Stava sorridendo...

__Le somiglia proprio, professoressa Silvia. _ dice Gustavo.

__Il nostro Professor Enzo. _ parla Clarice.

__Incolliamo la nota e poi salviamo l'agenda. _ avvisa il docente.

__Consegno, professore. _ dice Enzo.

La professoressa Silvia ha consegnato a Enzo i biglietti a tutti gli studenti presenti in sala.

Enzo passava di portafogli in portafogli e lasciava gli appunti perché tutti li incollassero nel proprio diario.

Dopo aver consegnato tutto, è andato al suo portafoglio per incollare la sua piccola nota.

__Cos'è questo biglietto? _chiede Sofia.

__È scritto che ci sarà una vacanza e non ci saranno lezioni. _ avverte Enzo.

Abbiamo continuato ad incollare i nostri appunti, prestando la colla all'amico che aveva dimenticato il suo a casa.

Ma la professoressa Silvia se n'è accorta...

Ha notato una cosa incredibile!

__Enzo, qui? _chiede la professoressa Silvia, mostrando la lavagna.

__Routine. _ dice Enzo.

__È qui? _chiede l'insegnante.

__Matematica. _ dice Enzo prestando molta attenzione al Professore.

Era vero o c'era qualcosa che non andava...

La professoressa Silvia fece un cenno con le mani e tutta la stanza si fermò. Nessuno ha nemmeno capito cosa stesse succedendo...

__E qui, Enzo? _chiede l'insegnante.

__Attività. _ dice Enzo.

__Quella parolina... _dice il Maestro, mostrando un'altra parola sulla lavagna.

__Merenda. _ dice Enzo.

Eravamo tutti fermi, non sapevamo ancora con certezza

cosa stesse succedendo che rendeva così felice la professoressa Silvia...

La professoressa prese un libro dalla sua scrivania e lo mostrò a Enzo.

__Ora dì ciò che è scritto qui. _ dice il professore.

__Gioca... Sto solo scherzando. _ dice Enzo.

Il professore posò il libro sul tavolo e ne prese un altro.

__Luogo inesistente. _ dice il professore.

__De... Dipartimento di... De... Acqua... _dice Enzo.

Questo è quando il chip di tutti è caduto ...

Il mio amico Enzo stava leggendo...

ENZO HA IMPARATO A LEGGERE!!!!!!!!!!!!!!!!!!!!

__Non ci sto credendo. _ dice Maria Chiara.

_ ci sto credendo. _ dissi molto felice.

__Enzo, stai leggendo. _ l'insegnante parla ad alta voce.

__Sto leggendo. _ dice Enzo felice.

__Applausi per Enzo!!!!! _ dice la maestra abbracciandolo con il mignolo.

L'intera stanza applaudì.

Eravamo molto felici, il nostro amico aveva finalmente imparato a leggere. Abbiamo iniziato a urlare forte:

Enzo! Enzo!!!!!

Abbraccio mignolo collettivo!!!!!

Avevo bisogno di vedere Enzo saltare di gioia!!!!!

Che meraviglia!!!!

__Sapevo che questo giorno sarebbe arrivato. Sono molto felice. _ dice il Professore, facendo cenno a tutti di tacere.

__Sono felice, professoressa Silvia. _ dice Enzo.

__Credo! Io credo in te, Enzo. _ dice la professoressa Silvia.
__Credo! Io credo in te, Enzo. _ gridò felice tutta la classe.

__E vuoi sapere una cosa? Possiamo persino gridare e festeggiare. _ avvisa il docente.

Enzo! Enzo! Ennzo!!!!!!

So che tutto è successo al momento della partenza.

La professoressa Silvia è rimasta al cancello a parlare con il nonno.

Non ho capito di cosa stessero parlando...

Amanda parlava della sua stanza per tutto il tempo ed era difficile da capire. Ero curioso...

Il professore si stava lamentando di me?

Non. Non può essere, non ho fatto niente di male.

Riuscivo solo a vedere lei e il nonno che parlavano ininterrottamente attraverso la finestra.

Ho sentito alcune frasi isolate.

__Posso contare su di lei, signor Júlio? _chiede l'insegnante.

__Ce ne sono tanti, credo di poterli chiamare Babão... _dice Nonno.

__Sarà molto bello... _dice il Maestro.

Dopodiché la professoressa Silvia se ne andò e il nonno salì in macchina. È salito, ha avviato la macchina e non ha detto niente.

__Nonno, cosa voleva la professoressa Silvia? chiesi curioso.
__Niente. _ disse il nonno.

__Quanto tempo, nonno. Era lì da più di venti minuti. _ parla Vinicio.

__Stavamo parlando di niente. _ dice il nonno.

__Come questo? _ ho insistito.

__Sai quando parli di niente, niente, senza importanza... _Dice il nonno.

__Non lo so. Ma questo niente sa di segreto. _ Parla Amanda.

__Penso anche. Il nonno mi dice che non lo dico a nessuno. _ parla Pietro.

__Anch'io voglio sapere. _ dice Matteo.

__Niente. _ dice il nonno.

__Come niente? Niente cosa? chiese Vinicio.

__ La curiosità uccide, sono tutti verdi di curiosità. _dice il nonno_ Andiamo a casa perché ho fame, voglio pranzare.

__Non hai intenzione di dire niente? _ chiede Vinicio.

__Ragazzi, sto dicendo che non c'è niente di cui parlare. Era solo una stupida conversazione. _ dice il nonno.

__Parlare di niente. _ parla Vinicio.

__Ecco, niente di cui parlare... Pioggia, vento, la giornata è calda... Queste cose... _Dice il nonno.

__E Babão? _ Ho chiesto.

__Non ho visto Babão. È stato lui a prendere Enzo oggi? _chiede il nonno.

Il nonno non disse altro, mise in moto la macchina e tornammo a casa. Ma stavo solo guardando. Non potrebbe essere niente...

Niente!

È stato durante la lezione di Educazione Fisica che è successo tutto. Chi ha avuto l'idea più grande del mondo è stata Maria Clara e l'intera classe è stata d'accordo, ovviamente!

Ci siamo riuniti e abbiamo interrotto tutte le attività. L'insegnante di educazione fisica era seduta nel gruppo e non capiva niente.

__Non puoi andare tutto, devi andare una commissione. _ dice Maria Chiara.

__Cos'è una commissione? _ Ho chiesto.

__Un gruppo di studenti che rappresenta l'intera classe. _ dice Maria Chiara.

__Voglio andarci. _Ho parlato.

__Anche a me. _ disse Enzo.

__Dirò che è una mia idea. _ dice Maria Chiara.

__Lo voglio anch'io. _ parla Clarice.

__Lasciami andare. _ dice Gustavo.

__So parlare bene, posso rappresentare la classe. _ dice Giovanni.

__Voglio andare anch'io. _ dice Artù.

__Puoi smettere di parlare e tornare alle attività. _discorso Insegnante di educazione fisica in avvicinamento.

__ Assolutamente no, professore. Abbiamo qualcosa di molto importante da fare. _ dice Maria Chiara.

__Stai chiacchierando nel bel mezzo della lezione. _ dice il professore.

__Stiamo facendo un accordo molto importante. _Ho parlato.

__Niente di questo. Classe. _ dice l'insegnante

__Ma l'insegnante è molto serio. Dobbiamo parlare con Dona Praga. _ dice Maria Chiara.

__Lo risolvi nella classe della professoressa Silvia. _ dice il professore.

__Non può. Lei non può sapere niente. _ dice Maria Chiara.

__Questo è un segreto. _ dice Enzo.

__Che cosa stai facendo? _chiede l'insegnante.

__Contiamo. Promettimi di non dirlo a nessuno. _ chiede Maria Chiara.

__Non lo so. _ dice il professore.

Maria Clara si avvicinò al Professore e le sussurrò all'orecchio tutti i nostri piani segreti. Il Professore sorrise e l'idea piacque.

__Ottimo. La causa è giusta. Maria Clara, Clarice, Enzo e Leco possono andare a parlare con Dona Praga. Gli altri aspettano qui. E torna alle attività. _ avvisa il docente.

__Voglio andare anch'io. _ dice Gustavo.

__Conosci Dona Praga. Non ascolterà nemmeno se ci sono troppe persone. _ dice il professore.

__Siamo rimasti qui a tifare, Gustavo. _ dice Giovanni.

Va bene, siamo andati di corsa al tabellone.

Siamo corsi alla porta dell'ufficio della signora Praga, stava parlando al cellulare. Stavamo zitti solo a guardarla. Quando ci vide Dona Praga, spense il cellulare e ci fissò.

__Cosa c'è? domandò Dona Praga.

__Dobbiamo parlarti. _ dice Maria Chiara.

__Puoi parlare. Presto, sono occupato. _ dice Dona Praga.

__Siamo i rappresentanti del Primo Anno A. Abbiamo fatto un accordo. Vogliamo che lasci che la professoressa Silvia faccia una festa. _ dice Maria Chiara.

__Partito? _ chiede Dona Praga.

__Una festa per il giorno degli insegnanti. _ dice Enzo.

__Una festa per il miglior insegnante del mondo. _Ho parlato.

__La professoressa Silvia se lo

merita. Possiamo organizzare una festa per il giorno degli insegnanti per la professoressa Silvia. _ chiede Maria Chiara.

__Non. _ dice Dona Praga.

__Non. _ ripetiamo tutti insieme senza capire niente.

__Non. Non voglio feste qui. _ dice Dona Praga.

__Ma, signora... _dice Clarice.

__No non lo è. Torna in classe. _ dice Dona Praga.

__Ma la nostra festa... _dice Enzo.

__Ho già fatto il programma della settimana dei bambini. E non c'è festa In questa scuola tutto è uguale. Ora lezione. _ dice Dona Praga.

__Questo è molto brutto. _ dice Maria Chiara.

__Il bambino obbedisce. Classe. _ dice Dona Praga.

__Ma puoi cambiare il programma. _ parla Clarice.

__ Non cambierò nulla. Ecco la mia strada. _ dice Dona Praga.

__Ma facciamo tutto bene. _Ho parlato.

__Lezione prima che chiami i tuoi genitori e mi lamenti. _avvisa Dona Praga.

Stavamo uscendo dalla stanza molto tristi. Lady Prague aveva ancora qualcosa da dire.

__E un'altra cosa. Studia di più. La combinazione non esiste. Parla combinato! _avvisa Dona Praga.

Siamo tornati in classe, ora la classe della professoressa Silvia. Ci stava aspettando in soggiorno.

__Ottimo. Dov'erano i quattro? _ chiede la professoressa Silvia.

__Tutto è andato storto. _ dice Enzo seduto imbronciato.

__Ti sei messo nei guai durante il corso di Educazione Fisica, sei andato anche dal preside? – chiede il Professore.

__Non. _Ho parlato.

__E cosa stavano facendo sul tabellone? _chiede l'insegnante.

__Niente, professoressa Silvia. _ dice Maria Clara piangendo.

__Come niente? È successo qualcosa per te per essere così. _ dice il professore.

__Dona Praga non ci ha permesso di organizzare una festa per il giorno degli insegnanti. _ dice Enzo.

__Enzo, è stata una sorpresa, non dovevi dire niente. _ dice Maria Chiara.

__Ma non ci sarà nessuna festa. _ dice Enzo.

__Enzo ha ragione, Dona Praga non ha lasciato la festa. _Ho parlato.

__Ha detto che ha già fatto il programma della settimana dei bambini. _ parla Clarice.

__Ho i biglietti qui. Mettiamolo in agenda. Ci sarà un picnic, un parco e un film in classe. _ dice il professore.

__ Che cosa noiosa. Volevo una festa per la festa degli insegnanti _dice Maria Clara.

__Dobbiamo obbedire agli ordini superiori. _ avvisa il docente.

__Non mi piacciono gli ordini superiori. _ dice Enzo.

__Ci sono cose che non ti piacciono. Si tratta di obbedire e basta. _ dice il professore.

__Non puoi fare qualcosa? _ chiede Maria Chiara.

__Non posso, Maria Clara. Lei è la direttrice. Lei governa. _ dice il professore.

__Lei non può inviare cose cattive del genere. _Ho parlato.

__Gli ordini sono ordini. _ dice il professore.

__Accidenti. _ dice Maria Chiara.

__Prendi l'ordine del giorno. Incolliamo i biglietti. _ avvisa il docente.

Abbiamo iniziato tutti ad afferrare l'agenda e la colla. I biglietti sono stati debitamente incollati nell'agenda. L'aiutante del giorno lo stava distribuendo tra i banchi.

__Possiamo pensare a un'altra combinazione. _Ho parlato.

__Cos'è questo, Leco? Combinazione? _chiede l'insegnante.

__Abbiamo combinato tutto il pensiero. Diventa una combinazione. _Ho parlato.

__Dona Praga ha detto che questo non esiste. _ dice Enzo.

__Questa parola non esiste... _conferma il Professore.

__Vedrai che era per questo che non glielo ha permesso. Usiamo una parola che non esiste. _ parla Clarice.

__Esiste non esiste. Ma chi ha detto che non possiamo creare nuove parole? _ chiede la professoressa Silvia.

__Noi possiamo? _chiede Giovanni.

__Noi possiamo. Questo è un neologismo. "È l'uso di parole nuove, derivate o formate da quelle esistenti, nella stessa lingua o meno". _ dice il professore.

__Vuoi dire che abbiamo inventato una nuova parola? _ Ho chiesto.

__Sì, hanno inventato una nuova parola. _ dice il professore.

__Questo primo anno è superbo. _ dice Enzo sorridendo.

__La fornitura. Userò quella parola nel rapporto sulla stanza. Scriverò molto grande qui che sono tutti in ordine alfabetico. Che meraviglia! _ dice il professore.

__Alfabetico... _dice Enzo.

__Qui al primo anno tutti sanno leggere e scrivere. _ dice il professore.

__So leggere! _ dice Enzo felice.

__Questo è SUPIMPA! Alfabetico! _ dice il professore.

La lezione è finita. Ma le nostre idee inverosimili non sono finite.

Nessuno ha inghiottito quella signora Pest che vietava una super festa per il giorno degli insegnanti.

Quel pomeriggio nessuno tolse il piede e andò a giocare. Eravamo tutti chiusi in camera, nei nostri letti, ovviamente ognuno nella sua casa, e facevamo la combinazione migliore di tutte.

Tutto connesso. Eravamo nel gruppo che metteva tutto insieme.

__Ho già parlato con mia madre e lei ha accettato. Facciamo una festa a sorpresa per la professoressa Silvia. _ dice Maria Chiara.

__Come? _ chiede Babão che partecipava anche lui alla conferenza segreta.

__Sarà il giorno del picnic. Invece di portare spuntini individuali al picnic, prendiamo piatti collettivi e facciamo una grande festa. _ dice Maria Chiara.

__Mi è piaciuto. _Ho parlato.

__Sono dentro. _ dice Enzo.

__Funzionerà. L'intera scuola mangerà merende. Nessuno noterà nemmeno che il tuo pranzo non è esattamente per un picnic. _ Parla Baba.

__Ognuno prende il suo piatto e quando è ora di partire per il picnic mettiamo tutto in un enorme asciugamano. _ dice Giovanni.

__Pode fammi prendere l'asciugamano. _ dice Gabriela.

__Sediamoci e mangiamo tutti insieme. Sarà la nostra festa. _ dice Maria Chiara.

__Il nostro picnic. Dobbiamo parlare di picnic. _ dice Gustavo.

__Sarà il nostro picnic. _ dice Maria Chiara.

__Vado a dire a mia madre di comprare qualcosa di molto gustoso. _ dice Giovanni.

__Ci saranno molte cose deliziose. _ dice Gustavo.

__Condividiamo tutto. Tutti mangeranno tutto. _ dice Artù.

__Tutti devono andare. Se qualcuno non può prendere un piatto, va allo stesso modo. _ avvisa Babo.

__Siamo amici. Qui condividiamo tutto. Tutti mangeranno. _Ho parlato.

__E il presente? _ chiede Enzo.

__Se la festa è per la Festa degli

Insegnanti, la professoressa Silvia si merita un bel regalo. _ Parla Baba.

__Farò il mio regalo. _ dice Enzo.

__Ognuno prende il suo regalo. _ dice Maria Chiara.

__Sì, ognuno prende il suo regalo. E chi non ha soldi per un regalo può fare un bel bigliettino. Sono sicuro che alla professoressa Silvia piacerà ricevere dei bigliettini. _ Parla Baba.

__Non devi farlo se non vuoi... _dice Clarice.

__E chi non lo fa? Vogliamo tutti... _dice Guilherme.

__Puoi fare una carta se porti un regalo. Voglio fare il mio. _ dice Enzo.

__ Farò anche un disegno molto carino. _Ho parlato.

__Quante cose... _dice Gabriela.

__Prendo una vescica... _dice Arthur.

__Combinazione eseguita. Segreto segreto!!! _Ho parlato.

La tanto attesa settimana dei bambini è finalmente arrivata!

Aveva eventi speciali ogni settimana.

Il picnic sarebbe stato solo venerdì. Il giorno più atteso della settimana...

C'era un cinema in soggiorno, c'era un teatro a scuola, c'era gente che andava a leggere poesie in altre stanze e quindi tutto era tipo chaaaaaaaaaaaaaato!!!!...

Tutti volevano davvero che arrivasse venerdì...

È stato allora che abbiamo avuto la sorpresa più grande mercoledì...

Eravamo tutti tranquilli in classe, seguendo le attività, quando all'improvviso, sai chi è apparso sulla porta della mia classe?

IL NONNO!

È mio nonno!!!!!!

L'ho guardato senza capire niente.

La professoressa Silvia andò alla porta e disse a mio nonno di entrare.

Abbiamo tutti interrotto le nostre attività e l'abbiamo guardato. Subito dietro, con una scatola enorme apparve il...

BAMBINO!

NONNO e BABÃO nella mia classe.

_Ottimo. Oggi abbiamo una sorpresa. _ informa la professoressa Silvia.

_Che sorpresa? _ chiede Enzo.

_Come attività speciale per la settimana dei bambini, Senhor Júlio, il nonno di Leco, e Babão, Babão do Enzo, sono qui per fare un'attività diversa con te. _ dice il professore.

_Attività diverse. _ dice Gustavo.

_Fai attenzione che ora sono loro gli insegnanti. _ dice la professoressa Silvia.

La professoressa Silvia va in fondo all'aula e si siede anche lei a una scrivania, come una studentessa.

_Ottimo. Per prima cosa posizionerai tutti i materiali sotto le scrivanie. Avremo bisogno di spazio per iniziare. _ avvisa il nonno.

Ogni bambino teneva il proprio materiale sotto il banco ed eravamo tutti curiosi di sapere cosa sarebbe successo.

__Ottimo. Tutto pronto. Io e Babão distribuiremo del materiale... _ dice il nonno.

Nonno e Babão andarono alla scatola e iniziarono a prendere dei bastoncini e dei fogli colorati. Sono stati distribuiti ai bambini.

__Puoi scegliere qualsiasi colore tu voglia. Ognuno lo fa a modo suo. _ Parla Baba.

__Cosa fai? _chiede Guglielmo.

__Non saprei dire... _dice Babão.

__Questo qui sembra un aquilone... _ dissi.

__Questo è tutto. Ognuno costruirà il suo aquilone... _ dice il nonno.

__Ma gli aquiloni sono per i ragazzi. _ parla Clarice.

__No non lo è. Quando ero bambino avevo il mio aquilone e mi piaceva. Sai, il mio aquilone aveva gli occhietti, la bocca un po', il nasino... _dice la professoressa Silvia.

__E lei ha costruito il suo aquilone, professore? _chiede Giovanni.

__Non. È stato uno zio a farlo. Ha fatto le sue cose ed è uscito impennandosi con gli amici. Era logico che anch'io volessi il mio. Stava giocando in giardino. _ dice il professore.

__Se è così, voglio il mio rosa. _ dice Maria Chiara.

__Avremo aquiloni di tutti i colori. La lezione sarà facile. Facciamo una rabiola molto grande... _ dice il nonno.

__Voglio il mio enorme... _dice Enzo.

__Sarà grande. Ma deve anche essere leggero per poter salire molto in alto... _ dice Babão.

__Professoressa, è stata davvero una sorpresa. _ dice Gustavo.

__Ero sicuro che ti sarebbe piaciuto. _ dice il professore.

__E a chi non piace una bella sorpresa. _ dice Giovanni.

E la lezione di aquiloni è iniziata.

Nonno e Babão hanno portato i bastoncini già fatti da casa, incollati e legati.

Bisognava scegliere il colore e posizionare la carta ben colorata. Ognuno ha preso le sue forbici, la sua colla e ha iniziato a dare le ali al suo aquilone.

E nonno e Babão aiutavano tutti...

Le ragazze avevano bisogno di più aiuto.

__Penso che sia tutto storto... _Clarice si lamenta.

__ Anch'io ho delle difficoltà... _ dice Gabriela.

__Sembrava più facile parlare. _ dice Maria Chiara.

__ Vacci piano e cerca di fare il meglio che puoi. Sono sicuro che funzionerà. E i ragazzi aiuteranno. Perché in questa materia di aquiloni sono gli esperti. _ dice il professore.

__Puoi farmi aiutare. _ dice Enzo.

Tutti hanno collaborato.

Coloro che avevano più pratica con gli aquiloni e finivano il loro avrebbero immediatamente aiutato i loro amici. Andavamo al parco solo per far volare gli aquiloni quando tutti avevano il loro aquilone pronto.

La lezione è passata velocemente.

Ne e 'valsa la pena!

Poche ore dopo eravamo tutti pronti con i nostri aquiloni. Bisogno di vedere, uno più colorato dell'altro.

Gli aquiloni dei ragazzi erano super potenti, avevano creste speciali, che dicevamo eravamo troppo forti.
Gli aquiloni delle ragazze erano tutti molto delicati... Avevano una piccola bocca, un piccolo naso, piccoli occhi e Maria Chiquinha...
Vedi se puoi? L'aquilone di Maria Chiquinha?!?!

Nessuno ha detto niente in contrario. Siamo una squadra e ognuno ha realizzato il suo aquilone come voleva.

Pausa pranzo. Tutti erano troppo eccitati.

non avevo nemmeno fame...

Tutti parlano contemporaneamente...

In soggiorno, il Maestro, il nonno e Babão hanno elaborato gli ultimi dettagli.

__Spero funzioni. _ dice il professore.

__Funzionerà, professore. Enzo è già emozionato. Vai a volare. _ Parla Baba.

__Volerà e non volerà davvero. _ dice il professore.

__Era felice con il piccolo aereo di suo padre. Sono sicuro che andrà tutto bene. _ Parla Baba.

__Con tutti gli amici insieme ti sentirai ancora più felice. _ dice il nonno.

__Spero davvero che possiamo risolvere l'abitudine al volo di Enzo, usando questa semplicissima idea. Non voglio che succedano altri incidenti, con lui che scala le pareti. _ dice il professore.

__Lo farò bene. _ dice il nonno.

__E guarda, questo lo ha mandato il padre di Enzo... _dice Babão, prendendo una scatolina dall'enorme scatolone dei materiali per gli aquiloni.

Babão estrae la scatola, la apre e la mostra alla professoressa Silvia.

__Questa è una fotocamera e occhiali per realtà virtuale. Ordinato dagli Stati Uniti. _ Parla Baba.

__Mio Dio! Speso per questo. Non so nemmeno se l'idea funzionerà. _ dice il professore.

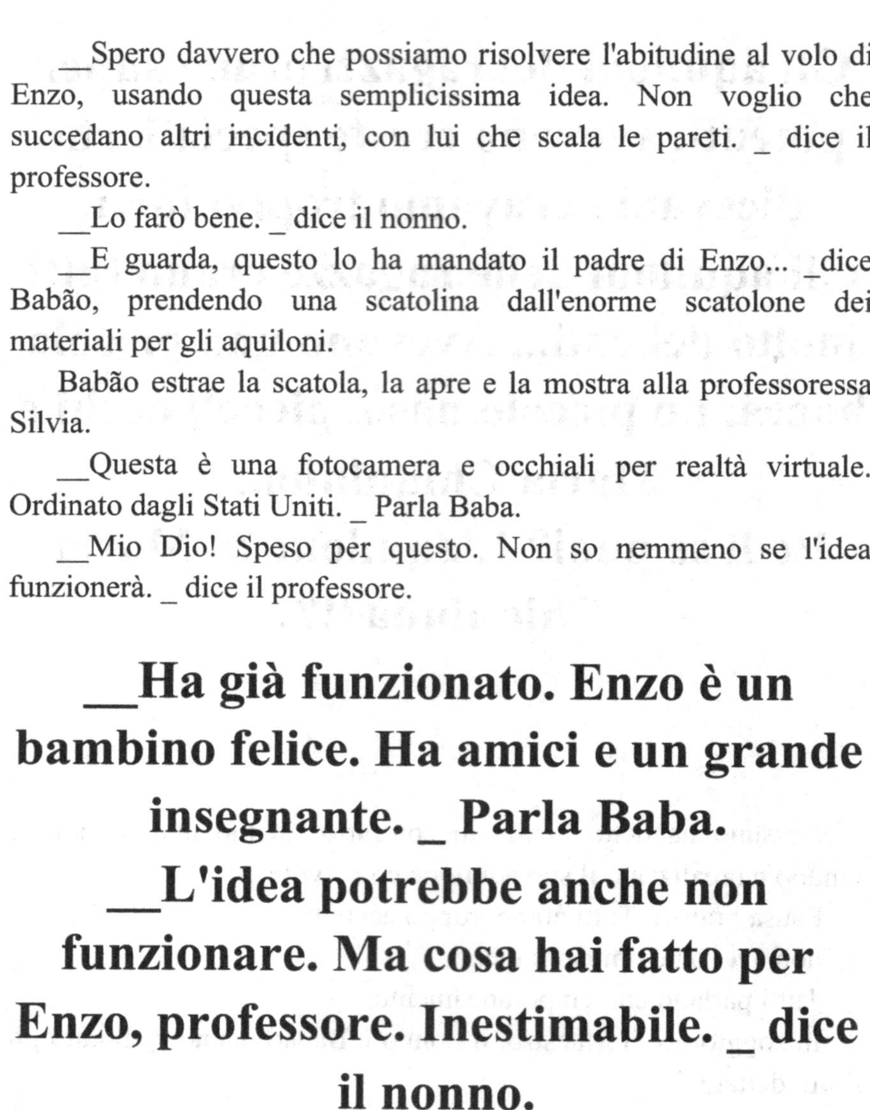

__Ha già funzionato. Enzo è un bambino felice. Ha amici e un grande insegnante. _ Parla Baba.

__L'idea potrebbe anche non funzionare. Ma cosa hai fatto per Enzo, professore. Inestimabile. _ dice il nonno.

__Enzo è un bel bambino _dice il Maestro.

La professoressa Silvia e il nonno fissarono la sofisticata attrezzatura.

__Metterò questa minuscola telecamera sull'aquilone di Enzo. Appena lei sale in alto lui si mette gli occhiali. Avrai la sensazione di volare davvero e lo adorerai. _ Parla Baba.

__Voglio provarlo anch'io. _ dice il nonno.

__Tutti potranno provarlo. _ Parla Baba.

__Che idea... _dice il nonno.

__E penso che i genitori di Enzo verranno qui... Erano d'accordo... _dice Babão.

__Andiamo al parco. _ avvisa il docente.

Siamo scesi tutti al parco. È stata la gioia più grande. Era la festa più grande.

Il nonno è andato a prendere Vinicius, Pedro, Matheus e Amanda dalle aule per partecipare al grande evento.

__Iniziamo. Voglio far volare il mio aquilone presto. _ dice felice Vinicio.

__Lo sapevi, Vinicio? _ Ho chiesto.

__Ho finito per scoprirlo, Leco. _ parla Vinicio.

__Tutti lo sapevano tranne me. _Ho parlato.

__Penso che fosse per una buona ragione. _ parla Pietro.

__Ricorda quel giorno in cui il nonno stava parlando con il suo insegnante. E hai detto che sembrava tutto quando il nonno ha detto che non era niente? _ chiede Vinicio.

__Io ricordo. _Ho parlato.

__Fu quel giorno che il nonno e la sua maestra organizzarono tutto. _ parla Vinicio.

__Vinicius lo scoprì e presto lo fecero anche gli altri. _ dice Matteo.

__Ma il nonno ha chiesto di tenerlo segreto. Volevo vedere te e la tua banda felici. _ Parla Amanda.

__Capisco. Sono veramente felice. _Ho parlato.

__Una bella bugia, Dio perdona. _ Parla Amanda.

Parco, sole cocente e siamo andati a far volare i nostri aquiloni.

Sole caldo perché nel nostro parco non c'erano più alberi, sai!!?? Ricorda cosa è successo. Ci sono cose a cui non puoi credere!

Babão iniziò a far volare un aquilone, presto fu alto nel cielo. Poi c'era Vinicio. Lo seguii correndo attraverso il prato. Anche i miei amici correvano. Pietro, Matteo...

Anche la professoressa Silvia ha fatto volare il suo aquilone. Sapeva davvero...

Il nonno ha aiutato Amanda all'inizio, ma presto ha imparato...

I ragazzi sono andati ad aiutare le ragazze, insegnando loro a far volare l'aquilone.

Non ci sono voluti dieci minuti e c'erano più di trenta aquiloni nel cielo. Alcuni molto alti e altri molto bassi.

Enzo aveva il suo tra le mani, continuava a guardare il cielo eccitato.

__Enzo Birdie, vieni qui. Guarda cosa ha dato tuo padre. _ Parla Baba.

Babão si è avvicinato a Enzo e gli ha mostrato gli occhiali per la realtà virtuale che i suoi genitori gli avevano inviato. A quel tempo il nonno faceva volare l'aquilone con la microcamera.

Babão ha messo gli occhiali su Enzo e da lassù può vedere tutto...

__Apri le braccia, Enzo Passarinho. Stai volando... _dice Babão.

__È forte... lo vedo... _dice Enzo.

__Ti stai divertendo? _ chiede Baba.

__Molto buona. _ dice Enzo.

__Nossa è troppo. dissi avvicinandomi.

Enzo si tolse gli occhiali e mi fece vedere un po'.

Ho messo. Era davvero un'immagine sensazionale.

Sembrava che stesse volando. Potevo vedere tutto laggiù. Eccomi lì, Enzo, Vô e tutta la banda...

__Molto buona. Ti è piaciuta la sorpresa che abbiamo preparato, Enzo Passarinho. Volevi così tanto volare che io e i tuoi migliori amici ci abbiamo pensato. _ dice la professoressa Silvia.

__Grazie, Professoressa Silvia. _ dice Enzo.

__Spero che tu non ti arrampichi più sul muro e ti faccia male. _ dice la professoressa Silvia.

__Non salirò più, professoressa Silvia. _ dice Enzo.

__Vieni a metterti gli occhiali e vola di nuovo. _ Parla Baba.

__Fai vedere a un altro bambino. _ dice Enzo.

__Questo ragazzo sembra che non gli sia piaciuto molto. _ Parla Baba.

__Sono stanco di volare in quel modo, voglio volare con l'aquilone. _ dice Enzo.

Enzo corre...

Ma non aveva l'agilità per far volare il suo aquilone. L'aquilone girò e colpì il suolo diverse volte.

Corse di nuovo. Non ha funzionato.

Riprovato e niente.

__Vieni qui. E così. _ dice il nonno.

Il nonno prende l'aquilone, mette altra lenza... Guarda Enzo.

__Fai attenzione, correrò con te... Deve funzionare. _ dice il nonno.

__Non so far volare un aquilone. _ dice Enzo.

__Siamo qui per imparare insieme. _ Parla Baba.

__Non credo... _dice Enzo.

__Credo di si. _fala Insegnante che si avvicina e si accovaccia accanto a Enzo.

__Non funziona. _ dice Enzo.

__Ci sono ragazze e ragazzi che avevano bisogno di aiuto. Avere bisogno di aiuto non è un problema. _ dice il professore.

__Non credo... _dice Enzo.

__Proveremo tutte le volte che sarà

necessario. _ dice il professore.

Nella strada successiva si fermò un'auto. I genitori di Enzo scesero al piano di sotto e ben presto si resero conto di cosa stava succedendo...

__Dai... _dice la madre di Enzo.

__Aspettare. Vediamo... _dice il padre di Enzo.

I due osservavano tutto ciò che stava accadendo.

Prima era il nonno che correva con Enzo. L'aquilone sembrava effettivamente salire. Girò e cadde.

Il nonno si grattò la testa incredulo.

Toccava a Babão correre con Enzo. Ancora una volta è successa la stessa cosa. L'aquilone girò e colpì il suolo.

C'erano i ragazzi che cercavano di aiutare. Arthur e poi Gustavo.

È successa la stessa cosa. Corsero insieme cercando di portare l'aquilone in cielo. Si girò e colpì il pavimento.

La professoressa Silvia è andata lì. Correva con Enzo e quel dannato aquilone non volava.

Il mio amico Enzo era triste. Era seduto in mezzo al campo e piangeva.

Uno guardava in faccia l'altro e non sapeva cosa fare.

__Non scoraggiarti. Proviamo di nuovo. _ dice il nonno.

__Dai, Enzo. Ora che ho imparato vengo con te. _ dice Maria Chiara.

Enzo non voleva, si nascose il viso con le mani...

Il mio amico Enzo era triste...

I genitori di Enzo erano molto legati e accompagnavano tutto. La mamma di Enzo ha abbracciato il marito, piangendo anche lui...

__Ora è il mio turno. Andiamo insieme. _ dissi andando al

fianco del mio amico.

__Non lo voglio più. _ dice Enzo.

__Si si. Darò via il mio aquilone per fortuna. Vedrai che la colla del tuo aquilone non si è asciugata correttamente. _Ho parlato.

__non voglio. _ dice Enzo.

__Sei il mio amico, Enzo Passarinho. Sei stato tu ad aiutarmi quando piangevo perché non conoscevo le tabelline. Ora aiuterò allo stesso modo. _Ho parlato.

Enzo alzò la testa e mi fissò negli occhi senza dire niente.

__È il mio turno. Ti aiuterò, amico Enzo Passarinho. Forza! _Ho parlato.

__Forza, amico Leco. _ dice Enzo.

Enzo si è alzato!

Ero pronto a riprovare.

Gli ho dato il mio aquilone. Ho messo il suo in un angolo sul pavimento.

I nostri cuori battevano all'impazzata. Eravamo vicini l'uno all'altro.

__Corriamo, ma non troppo, e devi mollare la lenza... E devi tirarla piano... L'aquilone inizia a salire piano piano... _ dissi.

__Il mio non sale... _dice Enzo.

__Noi due insieme! _Ho parlato.

Ho portato il mio amico Enzo al centro del campo.

Era ora o mai più!!!!

C'era un amico con un aquilone in cielo. C'era un amico con un aquilone a terra. Avevo un amico che guardava tutto...

Avevo un amico che tifava per Enzo...

Ho tenuto entrambe le mani del mio amico. L'ho guardato dritto negli occhi.

__Enzo Birdie, credo. Ti credo! _Ho

parlato.
__Credo. Io credo in te, Leone. _ dice Enzo.

Era il momento decisivo.

La mia insegnante ha incrociato le dita.

La professoressa Silvia sapeva che l'aquilone doveva volare o l'intera idea era andata in malora.

La professoressa Silvia abbassò gli occhi, li chiuse ermeticamente. Unì entrambe le mani all'altezza del viso e pregò piano:

__Padre celeste, aiuta l'aquilone di Enzo Passarinho a volare alto! _ dice la professoressa Silvia.

Sai, sembrava addirittura che avesse urlato forte... Più forte del tuono... Sembrava addirittura che quel sussurro avesse raggiunto il cuore di tutti... Tutto iniziò ad accadere...

I genitori degli Enzo nelle vicinanze sembravano aver sentito. Chiusero gli occhi, unirono le mani e chiesero con tutto il cuore:

__Padre celeste, aiuta l'aquilone di Enzo Passarinho a volare alto!

Il nonno che era dall'altra parte con Babão sembrava aver sentito quella preghiera. Chiuse gli occhi, giunse le mani e chiese con tutto il cuore.

__Padre celeste, fai volare alto l'aquilone di Enzo Passarinho!

Babão congiunse le mani, chiuse gli occhi e chiese con tutto il cuore:

__Padre celeste, fai volare alto l'aquilone di Enzo Passarinho!

Il gesto è stato ripetuto da tutti, sembrava addirittura trasmettere un pensiero: Vinicius, Amanda, Pedro, Matheus e uno ad uno i miei compagni hanno chiuso gli occhi e pregato con il cuore...

__Padre del Cielo, aiuta Enzo Passarinho, fai volare alto l'aquilone!

__Credo, Leco. Ti credo! _ dice Enzo guardandomi negli occhi.

__Credo, Enzo Birdie! Ti credo! dissi guardando negli occhi il mio amico.

Sembrava una magica sinfonia... io credo!...
Padre Celeste, aiuta l'aquilone di Enzo Passarinho a volare alto!...

io credo!...
io credo!...

Io credo!... Padre Celeste, aiuta l'aquilone di Enzo a volare alto!... Io credo!...

Io credo!... Padre Celeste, aiuta l'aquilone di Enzo a volare alto!... Io credo!...

Io credo!... Padre Celeste, aiuta l'aquilone di Enzo a volare alto!... Io credo!...

Io credo!... Padre Celeste, aiuta l'aquilone di Enzo a volare alto!... Io credo!...

Io credo!... Padre Celeste, aiuta l'aquilone di Enzo a volare alto!... Io credo!...

Io credo!... Padre Celeste, aiuta l'aquilone di Enzo a volare alto!... Io credo!...

Io credo!... Padre Celeste, aiuta l'aquilone di Enzo a volare alto!... Io credo!...

Io credo!... Padre Celeste, aiuta l'aquilone di Enzo a volare alto!... Io credo!...

Io credo!... Padre Celeste, aiuta l'aquilone di Enzo a volare alto!... Io credo!...

Io credo!... Padre Celeste, aiuta l'aquilone di Enzo a volare alto!... Io credo!...

**Ho iniziato a correre leggero, Enzo mi ha accompagnato...
Potevo sentire il mio cuore battere forte...**

**Stavamo lentamente liberando la linea...
Potevo sentire il mio cuore battere forte...**

Io ed Enzo insieme...
Potevo sentire il mio cuore battere forte...

L'aquilone iniziò a planare...
Potevo sentire il mio cuore battere forte...

Io ed Enzo insieme...
Potevo sentire il mio cuore battere forte...

Abbassiamo ancora un po' la linea...
Potevo sentire il mio cuore battere forte...

La mia mano e la mano di Enzo si sono unite sulla linea...
Potevo sentire il mio cuore battere forte...

Ci stavamo praticamente tenendo per mano tenendo la linea...
Potevo sentire il mio cuore battere forte...

Ci stavamo lasciando andare lentamente...
Potevo sentire il mio cuore battere forte...

L'aquilone che si alza...
Potevo sentire il mio cuore battere forte...

Lasciamo andare ancora un po'...
Potevo sentire il mio cuore battere forte...

L'aquilone che si alza...
Potevo sentire il mio cuore battere forte...

Stavamo tirando lentamente...
Potevo sentire il mio cuore battere forte...

Il mio amico è speciale e lo sono anch'io, oras bolas!

Rampante...
Potevo sentire il mio cuore battere forte...

Salendo...
Potevo sentire il mio cuore battere forte...

Salendo...
Potevo sentire il mio cuore battere forte...

Rampante...
Potevo sentire il mio cuore battere forte...

tirando...
Potevo sentire il mio cuore battere forte...

Linea cadente...
Potevo sentire il mio cuore battere forte...

Davvero forte!!!!!!
Potevo sentire il mio cuore battere forte...

L'aquilone era alto nel cielo.
Potevo sentire il mio cuore battere forte...

Io credo!... Padre Celeste, aiuta l'aquilone di Enzo a volare
alto!... Io credo!...
Io credo!... Padre Celeste, aiuta l'aquilone di Enzo a volare
alto!... Io credo!...
Io credo!... Padre Celeste, aiuta l'aquilone di Enzo a volare
alto!... Io credo!...
Io credo!... Padre Celeste, aiuta l'aquilone di Enzo a volare
alto!... Io credo!...
Io credo!... Padre Celeste, aiuta l'aquilone di Enzo a volare
alto!... Io credo!...

Io credo!... Padre Celeste, aiuta l'aquilone di Enzo a volare alto!... Io credo!...

Io credo!... Padre Celeste, aiuta l'aquilone di Enzo a volare alto!... Io credo!...

Io credo!... Padre Celeste, aiuta l'aquilone di Enzo a volare alto!... Io credo!...

Io credo!... Padre Celeste, aiuta l'aquilone di Enzo a volare alto!... Io credo!...

Io credo!... Padre Celeste, aiuta l'aquilone di Enzo a volare alto!... Io credo!...

Tutti urlano forte...
Potevo sentire il mio cuore battere forte...

Tutti in festa...
Potevo sentire il mio cuore battere forte...

L'aquilone era nel cielo...
Potevo sentire il mio cuore battere forte...

Enzo ed io non potevamo crederci...
Potevo sentire il mio cuore battere forte...

Ci siamo guardati felici...
Potevo sentire il mio cuore battere forte...

Abbiamo guardato felici l'aquilone nel cielo...
Potevo sentire il mio cuore battere forte...

L'aquilone era alto nel cielo...
Potevo sentire il mio cuore battere forte...

.

I genitori di Enzo sono corsi, sono entrati in campo... Hanno abbracciato la mia maestra Silvia.
Potevo sentire il mio cuore battere forte...

Mio nonno abbracciò Babão.
Potevo sentire il mio cuore battere forte...

I miei fratelli si sono abbracciati.
Potevo sentire il mio cuore battere forte...

I miei compagni di classe si sono abbracciati.
Potevo sentire il mio cuore battere forte...

Io credo!... Padre Celeste, aiuta l'aquilone di Enzo a volare alto!... Io credo!...
Io credo!... Padre Celeste, aiuta l'aquilone di Enzo a volare alto!... Io credo!...
Io credo!... Padre Celeste, aiuta l'aquilone di Enzo a volare alto!... Io credo!...
Io credo!... Padre Celeste, aiuta l'aquilone di Enzo a volare alto!... Io credo!...
Io credo!... Padre Celeste, aiuta l'aquilone di Enzo a volare alto!... Io credo!...
Io credo!... Padre Celeste, aiuta l'aquilone di Enzo a volare alto!... Io credo!...

Quell'urlo forte...
Tutti in festa...

__Sono così felice. Il mio Enzo è felicissimo. Grazie infinite professoressa Silvia. _ dice la mamma di Enzo.

__Devo ringraziare. Grazie. Enzo Passarinho è un dono di Dio. _ dice la professoressa Silvia.

__Il mio Enzo Passarinho è un dono di Dio. _ dice la mamma di Enzo piangendo molto.

Anche io ed Enzo avevamo le lacrime agli occhi...
Lacrime di gioia...
Abbiamo guardato l'aquilone nel cielo...

__Ho detto che stavo per volare. Io credo in te, Enzo Passarinho. _Ho parlato.

__Io credo in te, Leco. _Dice Enzo molto felice.

Le nostre mani erano ancora incollate insieme sulla linea. L'aquilone che vola alto nel cielo.

Finalmente arrivò il giorno del picnic.
Venerdì!!!
Alle sette e mezza in punto il cancello della scuola si aprì e il primo anno A era tutto lì.
Devi vedere la faccia di Dona Praga... Guardarci entrare...
Immagina la scena...

Tutti noi che arriviamo con un food truck e enormi pacchi regalo...

Anche gli altri studenti della scuola portavano la merenda... Ma la nostra ha attirato molta attenzione...

__Posso sapere di cosa si tratta? _ chiede Dona Praga.

__Questo cosa? _ chiede Maria Chiara.

__Tutto questo hai portato? _ chiede Dona Praga.

__Oggi c'è il picnic... _dice Enzo entrando accompagnato da Babão che lo aiutava a portare le sue cose...

Dona Praga guardò bene Enzo. Molti pacchetti in mani.

Stavano arrivando molti altri bambini...

È stato il padre di Gustavo a scendere con una torta enorme.

__Ma torta! _ si lamenta Dona Praga.

__Direttore, oggi è il picnic. _dice il padre di Gustavo.

Dona Praga continuava a guardarlo... Sembrava che non avesse molti amici. Ma non ha detto niente con i genitori tutti lì al cancello.

Siamo andati tutti in classe. Mettiamo i nostri piatti sui nostri banchi e tutti i presenti sul tavolo del Maestro. A dire il vero molti dei presenti sono rimasti a terra appoggiati alla lavagna. C'erano troppi regali e non potevano stare tutti sulla tavola del Maestro.

__Chiudi la porta. Lei sta arrivando. _ urla Enzo.

Giovanni ha chiuso la porta. Le tende erano già tutte chiuse.

Eravamo tutti nascosti sotto i banchi.

Tutto tranquillo. Tutto in silenzio...

La porta si aprì ed entrò la professoressa Silvia. Era entusiasta della nostra sorpresa...

Siamo usciti tutti da sotto i banchi e siamo andati ad abbracciare in gruppo la professoressa Silvia.

Enzo è entrato nell'abbraccio di gruppo con il mignolo, ovviamente!

Subito dopo abbiamo iniziato a cantare a squarciagola "Tanti auguri a te...

Viva la professoressa Silvia!!!!

Lunga vita al miglior insegnante del mondo!!!!

Viva la Festa degli Insegnanti!!!

__Viva la professoressa Silvia!!!! _ dice Enzo.

__Viva tutti gli studenti del primo anno A. _dice la professoressa Silvia.

Ci siamo abbracciati con grande gioia.

Il professore era molto felice. Ero persino eccitato.

La professoressa Silvia andò al suo tavolo e aprì tutti i regali. Aveva di tutto, un regalo più bello dell'altro...

Il Maestro ha letto tutte le nostre letterine, tutti i nostri bigliettini.

È stato molto bello, la maestra ci ha abbracciati uno ad uno e ci ha baciati uno ad uno...

È stato un venerdì favoloso.

Ma all'improvviso Dona Praga entrò nella stanza molto seria.

__Posso sapere di cosa si tratta? _ chiede Dona Praga.

__Questo cosa? _ chiede Enzo.

__Questo è quello che hai portato? _ dice Dona Praga.

__Oggi è il giorno del picnic. Tutta la scuola ha portato la merenda. _ parla Clarice.

__Ma esageri la quantità. Perché tutto questo? _ chiede Dona Praga.

__Dovrai lamentarti con mia madre. Ho detto che era un picnic e lei ha messo fuori tutto questo cibo. _Ho parlato.

__Anche con mia madre. _ disse Gustavo.

__Mio padre ha ordinato di portare tutto questo e condividerlo con tutti. Non gli piace la miseria! _ dice Maria Chiara.

__Non lo so. _dice Dona Praga non credendo.

Maria Clara era testarda, quando voleva qualcosa nessuno la tratteneva.

__Ecco qui! _dice Maria Clara alzandosi e porgendo il suo diario a Dona Praga.

__Cos'è questo? _ chiede Dona Praga.

__La mia agenda. Puoi chiamare mio padre. _ dice Maria Chiara.

__ Do anche il mio programma. _Ho parlato.

__Anche a me. _ dice Enzo.

__Non ho bisogno di chiamare niente. _dice Dona Praga_ È tutto qui... ci tengo d'occhio.

Dona Praga se ne andò, irritata.

__ Tieni gli occhi aperti. Non ti vogliamo alla nostra festa. _ dice Gustavo.

__Picnic, Gustavo. _corregge Enzo.

__Picnic. _ dice Gustavo.

__Giusto. Condividiamo con tutta la scuola. Ma non voglio condividere con persone cattive. _ dice Maria Chiara.

__Quale prova? _ chiede Enzo.

__Proviamo una canzone da presentare alla riunione dei genitori. Sarà come il nostro addio. Il giorno della riunione dei genitori ci metteremo d'accordo e tutti gli studenti saranno presenti. Prima dell'incontro abbiamo presentato la canzone ai genitori. _ dice la professoressa Silvia.

__Non mi piacciono gli addii. _ dice Enzo.

__Dovremo piacerci. L'anno è finito. _ dice il professore.

__Il primo anno è finito. _Ho parlato.

__Esatto, Leco. Il primo anno è finito. Finiamo con stile. _ dice il professore.

__L'idea mi è piaciuta, professoressa Silvia. _ dice Maria Chiara.

__Ho portato il testo della canzone. _ dice il professore.

L'insegnante ha distribuito il foglio con il testo della canzone. Stavamo per leggere i testi, ascoltare la musica e poi iniziare le prove.

Il professore lesse lentamente la lettera. Tutti hanno prestato molta attenzione.

Sai che mi è piaciuto il messaggio. Questo è esattamente quello che era la nostra classe.

La musica era il volto del primo anno A.

Poi la professoressa Silvia ci ha messo la musica da ascoltare. Una bella canzone.

__Mi è piaciuta la canzone. _ dice Enzo.

__Ora pensiamo alla coreografia. _ dice la professoressa Silvia.

__Quella parte non mi piace molto... _dice Enzo.

__Ragazzo, puoi solo guardare? _ Ho chiesto.

__Non è divertente. Parteciperanno tutti. _ dice il professore.

__Ma io non so ballare, giusto. _ dice Giovanni.

__Il ballo è per le ragazze. _ dice Gustavo.

__No signore. La danza è per ragazzi e ragazze. _dice l'insegnante_ anche io non so ballare. Ma con l'aiuto di tutti, lo renderemo bellissimo.

__ So ballare molto bene. Mia madre ama molto la coreografia. Lì in famiglia ne facciamo diversi. _ dice Maria Chiara.

__Pronto. Maria Clara aiuterà tutti a ballare. _ dice il professore.

__Professoressa, farò vedere questa canzone a mia madre. Può inventare una coreografia davvero fantastica e domani inizieremo le prove. _ dice Maria Chiara.

__Chiuso, Maria Chiara. Domani balleremo. _ dice il professore.

Per l'entusiasmo delle ragazze e l'incubo dei ragazzi, DOMANI è arrivato in fretta.

Eravamo tutti in classe.

La professoressa Silvia ha sistemato i banchi in fondo alla sala e abbiamo avuto uno spazio enorme per noi.

Maria Clara ha portato un video di sua madre che mostra i passaggi a cui aveva pensato per la canzone.

Il Maestro mise il video in televisione e lo guardammo tutti più volte.

__Mia madre ha fatto dei passaggi molto semplici, professore. _ dice Maria Chiara.

__**Mi è piaciuto. Proviamo. Forza gente, so che per alcuni non è facile. Ma pensala come la nostra musica. Rendiamolo bello. Sarà il nostro addio al primo anno A. _dice il Maestro.**

__Facciamolo bello. Enzo è d'accordo.

E così iniziarono le prove.

Devo confessare che non è stato affatto facile. Abbiamo messo il video e poco a poco abbiamo copiato i piccoli passaggi. Tutti concentrati sul video e cercando di imitarlo...

Le ragazze lo raccolsero velocemente. Era zuppa di miele, come dicevano. Non so dove o come una ragazza impari a ballare così in fretta.

Per noi ragazzi è stato molto più complicato. Non avevamo molta flessibilità.

Il primo giorno è stato brutto, sono arrivati altri giorni e ci stavamo provando molto...

Le ragazze erano già esperte, facevano tutto in fretta e non guardavano nemmeno più la televisione.

La professoressa Silvia ha aiutato i ragazzi, ha aiutato a segnare i piccoli passi...

Le ragazze sono diventate maestre e sono andate anche ad aiutare i ragazzi, è stato difficile!

Enzo è stato il primo ragazzo ad iniziare a farlo bene.

Vivo!!!!

Altri andavano lentamente a salire i gradini...

Uno... Due... Poi un altro... E un altro... E un altro...

Ho capito... E un altro... E un altro...

Le prove sono migliorate molto...

Prove... Prove... Prove... Prove...

Prove... Prove... Prove... Prove...

Prove... Prove... Prove... Prove...

Prove... Prove... Prove... Prove...
Prove... Prove... Prove... Prove...
Prove... Prove... Prove... Prove...
Prove...   **Prove...**   **Prove...**
Prove...ooooooooooooooooooooooooooooooooooooooooooooooo
oooooooooooooooooooo delle prove su questo!!!!!!...
Prove... Prove... Prove... Prove...
Prove... Prove... Prove... Prove...
Prove... Prove... Prove... Prove...
Prove... Prove... Prove... Prove...
Prove... Prove... Prove... Prove...
Prove... Prove... Prove... Prove...

Il giorno dell'incontro con i genitori è arrivato!

Il giorno della nostra presentazione è arrivato!

Ero molto felice, entusiasta della performance di quel giorno. Era il nostro ultimo giorno di scuola e stavano iniziando le vacanze...

Amo le vacanze!

Ma d'altra parte, ero triste. Il mio primo anno è finito...

Arrivederci amici, arrivederci professoressa Silvia, arrivederci a tutto...

Tutti noi studenti del primo anno A siamo andati con i nostri genitori. Tutti abbiamo preso un regalo d'addio per la professoressa Silvia!

Siamo arrivati, siamo entrati nella stanza... I genitori erano seduti... Siamo rimasti davanti alla stanza, appoggiati alla lavagna.

Quando tutti sono arrivati, il professore ha chiuso la porta. Ho detto ai genitori che avremmo avuto un'esibizione veloce. Che abbiamo preparato una canzone da cantare. Tutti insieme!

L'aula si è trasformata in un grande e luminoso palcoscenico.

L'insegnante ha acceso il suono e abbiamo cantato molto allegramente...

Lua de Cristal

Canção de Xuxa

"Tudo pode ser, se quiser será
O sonho sempre vem pra quem sonhar
Tudo pode ser, só basta acreditar
Tudo que tiver que ser, será
Tudo que eu fizer
Eu vou tentar melhor do que já fiz
Esteja o meu destino onde estiver
Eu vou buscar a sorte e ser feliz

Tudo que eu quiser
O cara lá de cima vai me dar
Me dar toda coragem que puder
Que não me falte forças pra lutar

Vamos com você
Nós somos invencíveis, pode crer
Todos somos um
E juntos não existe mal nenhum
Vamos com você
Nós somos invencíveis, pode crer

O sonho está no ar

Il mio amico è speciale e lo sono anch'io, oras bolas!

O amor me faz cantar

Lua de cristal, que me faz sonhar
Faz de mim estrela que eu já sei brilhar
Lua de cristal, nova de paixão
Faz a minha vida cheia de emoção

Lua de cristal, que me faz sonhar
Faz de mim estrela que eu já sei brilhar
Lua de cristal, nova de paixão
Faz a minha vida cheia de emoção

Tudo que eu fizer
Eu vou tentar melhor do que já fiz
Esteja o meu destino, onde estiver
Eu vou buscar a sorte e ser feliz

Tudo que eu quiser
O cara lá de cima vai me dar
Me dar toda coragem que puder
Que não me falte forças pra lutar

Vamos com você
Nós somos invencíveis, pode crer
Todos somos um
E juntos não existe mal nenhum
Vamos com você
Nós somos invencíveis, pode crer

O sonho está no ar
O amor me faz cantar

Lua de cristal, que me faz sonhar
Faz de mim estrela que eu já sei brilhar
Lua de cristal, nova de paixão
Faz a minha vida cheia de emoção

Lua de cristal, que me faz sonhar
Faz de mim estrela que eu já sei brilhar
Lua de cristal, nova de paixão
Faz a minha vida cheia de emoção

Lua de cristal, que me faz sonhar
Faz de mim estrela que eu já sei brilhar
Lua de cristal, nova de paixão..."

Compositores: Michael Sullivan / Paulo Massadas / Mihail
Plopschi / Vanessa Alves

https://youtu.be/Teu9CVFLLHk

È stato emozionante, i nostri genitori hanno iniziato a cantare insieme. Si alzavano dai banchi e applaudivano. Quando ho guardato di lato ho visto i miei colleghi piangere.

Non potevo sopportarlo e ho pianto anch'io.

Anche nel bel mezzo del pianto siamo riusciti ad arrivare alla fine della canzone. La nostra canzone del primo anno. La nostra canzone d'addio!

Una volta terminato, il Maestro ha consegnato ai genitori tutta la documentazione da far firmare.

I genitori firmarono tutto e andarono al tavolo per salutare la professoressa Silvia.

La mia maestra Silvia ha ricevuto tanti regali, i suoi genitori l'hanno abbracciata e baciata tanto.

La mia insegnante Silvia è la migliore insegnante del mondo. Nessun dubbio. Anche i genitori hanno detto.

E qui si è concluso il mio indimenticabile Primo Anno.

Aspetta un attimo, non scriverò ancora la fine, c'è un altro pezzo di questa storia.

I genitori uscirono dalla stanza, noi insieme, tutti commossi, tutti piangenti, tutti con gli occhi pieni di lacrime.

Quando eravamo già sulle scale, pronti per partire, mi sono ricordato di una cosa molto importante.

__Madre, voglio la professoressa Silvia come insegnante il prossimo anno. _Ho parlato.

__Non so chi sarà l'insegnante del secondo anno. _ disse mia madre.

__Deve essere la professoressa Silvia. Chiedi a lei! _ domandò.

__Leco, non so come sarà... _ disse mia Madre.

__Voglio anche la professoressa Silvia! _ disse Gabriela.

__Voglio anche la professoressa Silvia! _ disse Sofia.

__Voglio anche la professoressa Silvia! _ parlò Clarice.

__Voglio anche la professoressa Silvia! _ parlò Giovanni.

__Voglio anche la professoressa Silvia! _ disse Gustavo.

__Voglio anche la professoressa Silvia! _ disse Guglielmo.

__Voglio anche la professoressa Silvia! _ disse Artù.

__Voglio anche la professoressa Silvia! _ disse Maria Chiara.

__Voglio anche la professoressa Silvia! _ parlò Giovanni.

__Voglio anche la professoressa Silvia! _ disse Enzo.

__Penso che dovremmo parlare tutti con Dona Praga. Deve risolverlo. _ dice la mamma di Enzo.

__Sono d'accordo. _ dice la madre di João.

__Non possiamo perdere questa bravissima professoressa Silvia. Era davvero brava. _ dice la madre di Sofia.

__Lo risolverà? _ chiede la madre di Guilherme.

__Tutti insieme chiedendo prendiamolo. _ dice la mamma di Enzo.

E lì sono andate tutte le madri per risolvere la situazione. Anche noi eravamo tutti studenti.

Volevamo LA NOSTRA MAESTRA SILVIA AL SECONDO ANNO.

Arrivati nella stanza di Dona Praga abbiamo avuto una sorpresa.

Il posto era pieno di genitori. Tanti, tanti genitori davvero. E sai cosa ci facevano lì?

TUTTI volevano la professoressa Silvia per il prossimo anno. C'erano tutti i genitori degli studenti delle altre classi.

__Abbiamo la priorità. _Ho parlato.

__La professoressa Silvia è NOSTRA! _ disse Enzo.

So solo che è stato un disastro...
La lotta sarebbe stata brutta!

Ma era tutto quello che mancava, tutti volevano LA MIA MAESTRA SILVIA!

La maestra Silvia è MIA! Dalla MIA CLASSE!
Fino al secondo anno, il resto ve lo dico dopo!

FINE

avvitato
Tutto è andato storto!
non credo!
Che diavolo!!!!!!

Parlatore, amico Leco, ora non puoi dire niente.
Questo è il secondo libro. È il secondo anno!!!!! Non ne vale la
pena!!
Hai ragione amico Enzo Passarinho!!!
Dovrà aspettare per scoprirlo...

Ciao, come stai?

Sai cos'è l'inclusione?

Cos'è lo studente speciale nel MIO primo anno A?

NON LO SO! LO SO CHE NON LO SAI!

Quando la persona apre bocca per spiegare è perché davvero NON SA NULLA!!!!!

È stato il MIO MAESTRO a insegnarmelo!

E ha insegnato in un modo che nessuno, mai più nella vita, dimenticherà!

Il primo giorno di scuola con il prof...

Era con le scrivanie in cerchio e tutti seduti sotto di esse. Sì, avete sentito bene!... Eravamo tutti seduti sotto i banchi!...

Nessuno ci aveva spiegato cosa fosse, esattamente, questa cosa dell'inclusione... Studente speciale... Ma il Maestro spiegò...

Non dimenticherò mai quelle parole...

__Chiudi gli occhi e metti la mano sul cuore... Senti... Ascolta...

Mi chiamo Júlio César Bulhões Figueiredo Neto. Nome enorme, vero? Beh, ho lo stesso nome di mio nonno Júlio César Bulhões Figueiredo. E il mio nome ha ancora Neto. A casa era Julinho. Ma puoi chiamarmi Leco. Il mio soprannome a scuola. Ora tutti mi chiamano Leco.

Sono LECO. Sono il narratore di questa storia.

No, narratore, no. Ho solo sei anni. Sono il chiacchierone di questa storia.

Non sai cos'è un chiacchierone?

Lo so! Il mio Maestro ha insegnato. Il mio insegnante è il migliore del mondo. Il mio insegnante sa tutto! Ha insegnato tutto agli studenti.

Sono il **chiacchierone** di questa storia. Una storia che vi delizierà, ne sono sicuro!

Sono una studentessa del primo anno A. Nella mia scuola, nella mia classe, era sempre tutto uguale... Fino a quel giorno in cui apparve Dona Praga...

Ti stai chiedendo chi è Dona Praga? Una piaga! Voglio tirarle fuori la lingua...

Dona Praga ha informato il mio insegnante di un nuovo studente. Ha parlato di inclusione... Studente speciale...

So di non aver capito niente, nemmeno i miei amici.

Poi è arrivato ENZO PASSARINHO...

Era proprio come tutti gli altri. Anche il modo in cui si pettinava era uguale a quello di tutti gli altri ragazzi.

Da quel giorno tutto è cambiato, tanto rumore, tanta confusione, tanta gente che litigava, litigava... Finché la maestra si è ammalata e si è congedata. L'insegnante ha avuto una malattia durante la lezione di geografia: la depressione.

Abbiamo trascorso diverse settimane infernali, un abbonamento al giorno, nessuno voleva il primo anno A.

Tutto è successo...

Fino all'arrivo del nuovo insegnante...

Vi ho già detto come è iniziata la lezione... CHE CLASSE!!!

E in questo giorno c'erano i compiti!!!!!!

Dovevamo tornare a casa e spiegare la lezione ai genitori.

Ho fatto i compiti durante la pausa pranzo di mia madre. Ho fatto sedere mia madre su una sedia e ho ripetuto la lezione del Maestro. Mia madre si mise la mano sul cuore... Chiuse gli occhi...
E ascoltò attentamente le parole del Maestro, che io ripetevo...

Quando ho finito mia madre ha aperto gli occhi...

Mia madre piangeva... Emozionata...

Risultato: il giorno dopo TUTTI i genitori, degli alunni del primo anno A, sono entrati a scuola prima dei loro figli e sono entrati direttamente nella nostra classe.

TUTTI volevano incontrare il nuovo Maestro.

Ci credi?!!? La stessa cosa è successa a casa dei miei amici, anche i loro genitori hanno pianto molto quando hanno sentito la nostra lezione!

Ora è così! Qui tutti si prendono cura di tutti. E tutti capiscono tutti.

Impariamo, ascoltiamo con il cuore. E l'aspetto del cuore è il migliore del mondo.

Enzo è amico di tutti! Tutti sono amici di Enzo!

Enzo Passarinho è il mio migliore amico!

Ragazzi, dovete conoscere Enzo, è fantastico. È stato lui a insegnarmi le tabelline. Ho pianto, non capivo le tabelline e me l'ha insegnato il mio migliore amico Enzo!

Devi anche conoscere il nonno, abbiamo giocato molto e imparato molto.

Ti presento Babão!!!

Presenterò i miei fratelli: Vinicius, Matheus, Pedro e Amanda.

Ci sono anche i miei compagni di classe...

Devi imparare ad abbracciare con i mignoli!!!

Ti insegnerò come fare un abbraccio di gruppo con le dita. Tutti nella mia classe lo sanno già.

A Enzo non piacciono gli abbracci di gruppo, quindi il nostro abbraccio di gruppo è con le dita piccole così Enzo può partecipare.

Non ve lo dico, adesso, perché il mio amico chiama ENZO PASSSARINHO???!!!!

Aaaaahhhhh! Vuoi sapere? Ok, basta leggere il libro.

E prima che me ne dimentichi?

__Credo! Ti credo!

Siga a autora nas redes sociais

www.linkedin.com/in/silvia-zambello-b7b5bb22a

INFORMAZIONI SULL'AUTORE

Silvia D'Lucca è lo pseudonimo di Silvia Aparecida Zambello.

Sono nato l'11 giugno 1971. Il secolo scorso!

Sono molto timido, molto tranquillo, molto chiuso, pochi amici.

Nella mia infanzia ho sempre amato leggere. Ho letto tutto quello su cui potevo mettere le mani. Il mio autore preferito: Marcos Rey. Mi piacciono anche Monteiro Lobato, Ana Maia Machado, Pedro Bandeira e altri.

Oltre a leggere, ho anche giocato molto. Mi è piaciuta l'infanzia. Sono nato in un periodo in cui non c'erano telefoni cellulari e computer, quindi ho passato tutta la giornata a giocare. Ho giocato con bambole, bambole, case, cuscinetti di automobili, mi sono arrampicato sugli alberi, ho giocato nel pollaio, ho fatto volare un aquilone. Mi è piaciuto!!!

Sempre con una fantasia fantastica. In grado di essere ovunque, vedere tutto, fare tutto. Viaggiare in tutto il mondo.

Amo uscire dalla realtà, inventare personaggi e storie. Vivere in un mondo parallelo dove il confine tra vicino e lontano non esiste. Non c'è nemmeno differenza tra realtà e sogno.

Un'altra cosa che amo: fare l'insegnante, soprattutto in quinta elementare. Ho lavorato venticinque anni come insegnante. Ora in pensione sono tornato a dedicarmi alla scrittura.

scriverò per sempre. Sempre la stessa! Ho intenzione di vivere fino a centotrentotto anni. Ho ancora molto da immaginare e di cui scrivere.

Questo libro sarà ancora un film Disney. Credo!

Questo libro è stato scritto in portoghese. L'autore ha utilizzato il traduttore di Google per tradurre in italiano. Stile dell'autore: mantieni alcune parole in portogheses.